1 MONTH OF
FREE
READING

at
www.ForgottenBooks.com

By purchasing this book you are eligible for one month membership to ForgottenBooks.com, giving you unlimited access to our entire collection of over 1,000,000 titles via our web site and mobile apps.

To claim your free month visit:
www.forgottenbooks.com/free1018982

ISBN 978-0-331-14431-4
PIBN 11018982

Das edle Blut

Erzählung

von

Ernst von Wildenbruch

EDITED

WITH NOTES AND A COMPLETE VOCABULARY

BY

CHARLES A. EGGERT, PH. D.

NEW YORK-:-CINCINNATI-:-CHICAGO

AMERICAN BOOK COMPANY

PREFACE

WITH the kind permission of the author the present edition of the touching story *Das edle Blut* has been prepared for the use of American students of German. .Notes have been added but sparingly, and mostly in the form of a reference to the vocabulary, which will be found complete. Special care has been taken to explain the idiomatic uses of such words as es, alſo, doch, ja, nun and others which, in their various applications, are apt to perplex the student, and not rarely lead him to very erroneous conclusions.

The method pursued in its preparation will be found sufficiently distinct to warrant the appearance of this edition, though another edition, also with the sanction of the author, has been recently published. The great popularity of the little story, its rare artistic merits and peculiar fitness for the classroom may make the present edition, based on different principles, acceptable to many professors and teachers who prefer the method here adopted.

CHICAGO.

CHARLES A. EGGERT.

Das edle Blut

Ob es Menschen geben mag, die ganz frei von Neugier sind? Menschen, die imstande sind, hinter
jemandem, den sie aufmerksam und angestrengt nach
einem unbekannten Gegenstande ausschauen sehen, vor-
5 beizugehen, ohne daß es sie auch nur ein bißchen prickelt,
stehen zu bleiben, der Richtung seiner Augen zu folgen
und zu erforschen, was jener Geheimnisvolles sieht? —

Ich für meine Person, wenn ich gefragt würde, ob
ich mich zu dieser starken Menschenart zähle, weiß nicht,
10 ob ich ehrlicherweise mit Ja antworten könnte, und
jedenfalls hat es einen Augenblick in meinem Leben
gegeben, wo es mich nicht nur geprickelt hat, sondern
wo ich sogar dem Prickeln nachgegeben und gethan habe,
was jeder Neugierige thut.

15 Der Ort, wo das geschah, war eine Weinstube in der
alten Stadt, in der ich als Referendar am Gericht
arbeitete; die Zeit ein Sommernachmittag.

Die Weinstube, zu ebener Erde an dem großen Platze
belegen, den man von ihren Fenstern aus nach allen
20 Richtungen übersah, war um diese Stunde beinah leer.

---

1. Ob ... mag: the question depends on an implied Ich möchte
wohl wissen, or n..ch wundert. 18. zu ebener Erde, see eben.

für mich, der ich von jeher ein Freund der Einsamkeit
gewesen bin, nur um so angenehmer.

Wir waren unserer drei: der dicke Küfer, der mir
aus einer grau verstaubten Flasche einen goldgelben
Muskateller in das Glas goß, dann ich selbst, der ich
in einer Ecke des winkligen, gemütlichen Raumes saß
und den duftigen Wein in mich einschlürfte, und endlich
noch ein Gast, der an einem der beiden geöffneten
Fenster Platz genommen hatte, einen Pokal mit Rotwein vor sich auf dem Fensterbrett, eine lange, braun
angerauchte Meerschaumspitze im Munde, aus der er
Dampfwolken um sich verbreitete.

Dieser Mann, dem ein langer, grauer Bart das röt-
liche, stellenweise ins Bläuliche spielende Gesicht um-
rahmte, war ein alter Oberst außer Diensten, den in der
Stadt jedermann kannte; er gehörte zu der Kolonie von
Verabschiedeten, die sich in dem freundlichen Orte nieder-
gelassen hatten und langsam dem Ende ihrer Tage
entgegenlangweilten.

Gegen Mittag sah man sie in Gruppen zu zweien
oder dreien bedächtig durch die Straßen wandern, um
demnächst in der Weinstube zu verschwinden, wo sie sich
zwischen zwölf und eins um den runden Tisch zum
Raisonnier-Appell versammelten. Auf dem Tische standen Schoppen-Flaschen mit Mosel-Säuerling, über
dem Tische schwebte eine Wolke von bläulichem
Cigarrenqualm, und durch das Gewölk hindurch vernahm man die grämlichen, verrosteten Stimmen, die

1. der ich: for this ich after the relative consult the grammar.
3. Wir ... drei, see unserer.

ſich über die neueſten Ereigniſſe in der Rangliſte unterhielten.

Der alte Oberſt war auch Stammgaſt in der Weinſtube, aber er kam nicht zur Stunde des allgemeinen
Appells, ſondern ſpäter, am Nachmittag.

Er war eine einſame Natur. Man ſah ihn ſelten
mit anderen zuſammengehen; ſeine Wohnung lag in
der Vorſtadt, jenſeits des Stroms, und aus · ihren
Fenſtern blickte man in das weite Wieſengelände hinaus,
das der Fluß, wenn er im Frühling aus den Ufern
trat, unter Waſſer zu ſetzen pflegte. Manchmal, wenn
ich dort an ſeiner Behauſung vorüberging, hatte ich ihn
am Fenſter ſtehen ſehen, die rot unterlaufenen, mit
tiefen Säcken umränderten Augen nachdenklich hinaus-
gerichtet in die graue Waſſerwüſte jenſeits des Dammes.

Und nun ſaß er da an dem Fenſter der Weinſtube
und blickte unverwandt auf den Platz hinaus, über
deſſen ſandige Fläche der Wind, Staub aufwirbelnd,
dahinſtrich.

Was er nur ſehen mochte?

Der dicke Küfer, der ſich mit uns beiden ſchweig-
ſamen Leuten langweilte, war ſchon vor mir auf das
Gebahren des Oberſten aufmerkſam geworden; er ſtand,
die Hände unter den Schößen ſeines Rocks auf dem
Rücken zuſammengelegt, mitten im Zimmer und blickte
durch das andere Fenſter auf den Platz hinaus.

Irgend etwas mußte da draußen doch alſo los ſein?

20. Was... mochte, see mögen. A dependent sentence; supply
Ich möchte wohl wiſſen. 27. Irgend ... los ſein: on account of
the idiomatic peculiarities of this sentence see irgend, doch, alſo, und los.

Das edle Blut

Erzählung

von

Ernst von Wildenbruch

EDITED

WITH NOTES AND A COMPLETE VOCABULARY

BY

CHARLES A. EGGERT, Ph. D.

NEW YORK-:-CINCINNATI-:-CHICAGO

AMERICAN BOOK COMPANY

COPYRIGHT, 1902, BY

C. A. EGGERT,

Entered at Stationers' Hall, London

Das edle Blut
W. P. I

PREFACE

WITH the kind permission of the author the present edition of the touching story *Das edle Blut* has been prepared for the use of American students of German. Notes have been added but sparingly, and mostly in the form of a reference to the vocabulary, which will be found complete. Special care has been taken to explain the idiomatic uses of such words as es, alſo, doch, ja, nun and others which, in their various applications, are apt to perplex the student, and not rarely lead him to very erroneous conclusions.

The method pursued in its preparation will be found sufficiently distinct to warrant the appearance of this edition, though another edition, also with the sanction of the author, has been recently published. The great popularity of the little story, its rare artistic merits and peculiar fitness for the classroom may make the present edition, based on different principles, acceptable to many professors and teachers who prefer the method here adopted.

CHICAGO.

CHARLES A. EGGERT.

Das edle Blut

Ob es Menschen geben mag, die ganz frei von Neugier sind? Menschen, die imstande sind, hinter
jemandem, den sie aufmerksam und angestrengt nach
einem unbekannten Gegenstande ausschauen sehen, vor-
beizugehen, ohne daß es sie auch nur ein bißchen prickelt,
stehen zu bleiben, der Richtung seiner Augen zu folgen
und zu erforschen, was jener Geheimnisvolles sieht? —

Ich für meine Person, wenn ich gefragt würde, ob
ich mich zu dieser starken Menschenart zähle, weiß nicht,
ob ich ehrlicherweise mit Ja antworten könnte, und
jedenfalls hat es einen Augenblick in meinem Leben
gegeben, wo es mich nicht nur geprickelt hat, sondern
wo ich sogar dem Prickeln nachgegeben und gethan habe,
was jeder Neugierige thut.

Der Ort, wo das geschah, war eine Weinstube in der
alten Stadt, in der ich als Referendar am Gericht
arbeitete; die Zeit ein Sommernachmittag.

Die Weinstube, zu ebener Erde an dem großen Platze
belegen, den man von ihren Fenstern aus nach allen
Richtungen übersah, war um diese Stunde beinah leer.

1. Ob . . . mag: the question depends on an implied Ich möchte
wohl wissen, or n .ch wundert. 18. zu ebener Erde, see eben.

für mich, der ich von jeher ein Freund der Einsamkeit gewesen bin, nur um so angenehmer.

Wir waren unserer drei: der dicke Küfer, der mir aus einer grau verstaubten Flasche einen goldgelben Muskateller in das Glas goß, dann ich selbst, der ich in einer Ecke des winkligen, gemütlichen Raumes saß und den duftigen Wein in mich einschlürfte, und endlich noch ein Gast, der an einem der beiden geöffneten Fenster Platz genommen hatte, einen Pokal mit Rot=wein vor sich auf dem Fensterbrett, eine lange, braun angerauchte Meerschaumspitze im Munde, aus der er Dampfwolken um sich verbreitete.

Dieser Mann, dem ein langer, grauer Bart das röt=liche, stellenweise ins Bläuliche spielende Gesicht um=rahmte, war ein alter Oberst außer Diensten, den in der Stadt jedermann kannte; er gehörte zu der Kolonie von Verabschiedeten, die sich in dem freundlichen Orte nieder=gelassen hatten und langsam dem Ende ihrer Tage entgegenlangweilten.

Gegen Mittag sah man sie in Gruppen zu zweien oder dreien bedächtig durch die Straßen wandern, um demnächst in der Weinstube zu verschwinden, wo sie sich zwischen zwölf und eins um den runden Tisch zum Raisonnier=Appell versammelten. Auf dem Tische stan=den Schoppen = Flaschen mit Mosel = Säuerling, über dem Tische schwebte eine Wolke von bläulichem Cigarrenqualm, und durch das Gewölk hindurch ver=nahm man die grämlichen, verrosteten Stimmen, die

---

1. der ich: for this ich after the relative consult the grammar. 3. Wir ... drei, see unserer.

ſich über die neueſten Ereigniſſe in der Rangliſte unterhielten.

Der alte Oberſt war auch Stammgaſt in der Weinſtube, aber er kam nicht zur Stunde des allgemeinen
5 Appells, ſondern ſpäter, am Nachmittag.

Er war eine einſame Natur. Man ſah ihn ſelten
mit anderen zuſammengehen; ſeine Wohnung lag in
der Vorſtadt, jenſeits des Stroms, und aus · ihren
Fenſtern blickte man in das weite Wieſengelände hinaus,
10 das der Fluß, wenn er im Frühling aus den Ufern
trat, unter Waſſer zu ſetzen pflegte. Manchmal, wenn
ich dort an ſeiner Behauſung vorüberging, hatte ich ihn
am Fenſter ſtehen ſehen, die rot unterlaufenen, mit
tiefen Säcken umränderten Augen nachdenklich hinaus-
15 gerichtet in die graue Waſſerwüſte jenſeits des Dammes.

Und nun ſaß er da an dem Fenſter der Weinſtube
und blickte unverwandt auf den Platz hinaus, über
deſſen ſandige Fläche der Wind, Staub aufwirbelnd,
dahinſtrich.

20 Was er nur ſehen mochte?

Der dicke Küfer, der ſich mit uns beiden ſchweig-
ſamen Leuten langweilte, war ſchon vor mir auf das
Gebahren des Oberſten aufmerkſam geworden; er ſtand,
die Hände unter den Schößen ſeines Rocks auf dem
25 Rücken zuſammengelegt, mitten im Zimmer und blickte
durch das andere Fenſter auf den Platz hinaus.

Irgend etwas mußte da draußen doch alſo los ſein?

20. Was ... mochte, see mögen. A dependent sentence; supply
Ich möchte wohl wiſſen. 27. Irgend ... los ſein: on account of
the idiomatic peculiarities of this sente: ce see irgend, doch, alſo, und los.

Möglichst leise, um die Andacht der beiden nicht zu
stören, erhob ich mich von meinem Sitze. Es war aber
eigentlich nichts zu sehen. Der Platz war menschenleer;
nur in der Mitte, unter dem großen Laternenkandelaber
bemerkte ich zwei Schuljungen, die sich drohend gegen-
überstanden.

War es das, was die Aufmerksamkeit des Alten
fesselte? —

Aber wie der Mensch nun ist — nachdem ich einmal
angefangen hatte, konnte ich nicht wieder aufhören zu-
zusehen, bis ich festgestellt hatte, ob die drohende Prügelei
wirklich zum Ausbruch kommen würde. Die Jungen
waren eben aus dem Nachmittagsunterricht gekommen;
sie trugen ihre Schulmappen noch unter dem Arme.
Sie mochten im Alter gleich sein, aber der eine war
einen Kopf größer als der andere. Dieser größere, ein
lang aufgeschossener, magerer Bursche mit einem unan-
genehmen Ausdruck im sommersprossigen Gesicht, vertrat
dem anderen, der klein und dick war und ein gutmütiges
Gesicht mit roten Pausbacken hatte, den Weg. Dabei
schien er ihn mit nergelnden Worten zu reizen. Die
Entfernung aber machte es unmöglich, zu verstehen,
was er sagte. Nachdem dieses ein Weilchen gedauert
hatte, ging die Sache los. Beide ließen die Mappen
zu Boden fallen; der kleine Dicke senkte den Kopf, als
wollte er dem Gegner den Bauch einstoßen und rannte
auf ihn an.

„Da wird ihn der Große bald im Schwitzkasten

10. wieder: do not translate 24. ging ... los = die Prügelei
fing an; see losgehen. 28. Ihn refers to the preceding statement.

haben," sagte jetzt der Oberst, der den Bewegungen der
Kämpfer aufmerksam gefolgt war und das Manöver
des kleinen Dicken zu mißbilligen schien.

An wen' er diese Worte richtete, war schwer zu sagen,
5 er sprach sie vor sich hin, ohne einen von uns anzu-
reden.

Seine Voraussage bestätigte sich alsbald.

Der Große war dem Anprall des Feindes ausgewichen; im nächsten Augenblick hatte er seinen linken
10 Arm um dessen Hals geschlungen, so daß der Kopf wie
in einer Schlinge gefangen war; er hatte ihn, wie man
zu sagen pflegte, „im Schwitzkasten." Die rechte Faust
des Gegners, mit welcher ihn dieser im Rücken zu bearbeiten versuchte, ergriff er mit seiner rechten Hand,
15 und nachdem er ihn völlig gefangen und in seine Gewalt gebracht hatte, schleppte er ihn in höhnischem
Triumphe einmal und noch einmal und ein drittes Mal
rund um den Candelaber herum.

„Ist ein schlapper Bengel," sagte der alte Oberst,
20 seinen Monolog fortsetzend; „jedesmal läßt er sich so
kriegen." Er war offenbar mit dem kleinen Dicken
unzufrieden und konnte den langen Mageren nicht
leiden.

„Die prügeln sich nämlich alle Tage," fuhr er fort,
25 indem er jetzt den Küfer ansah, dem er, so schien es,
sein Interesse an der Sache erklären wollte.

Dann wandte er das Gesicht wieder nach außen.

„Bin neugierig, ob der Kleine kommen wird?"

Er hatte dies letzte noch kaum zu Ende gebrummt,

19. Ist = er or es ist.   28. Bin = ich bin.

als aus den Gartenanlagen der Stadt, die dort an den
Platz stießen, ein kleines, schlankes Bürschchen hervorgeschossen kam.

„Da ist er," sagte der alte Oberst. Er nahm einen
Schluck Rotwein und strich sich den Bart.

Der kleine Kerl, dem man an der Ähnlichkeit sofort
ansah, daß er der Bruder des Pausbäckigen sein mußte,
der aber wie eine feinere und verbesserte Auflage des
anderen aussah, war herangekommen, mit beiden Händen hob er die Schulmappe empor und gab dem langen
Mageren einen Schlag auf den Rücken, daß es bis zu
uns herüberknallte.

„Bravo," sagte der alte Oberst.

Der lange Magere trat wie ein Pferd mit dem Fuße
nach dem neuen Angreifer. Der Kleine wich aus, und
im selben Augenblick hatte der lange Magere einen
zweiten Schlag weg, diesmal auf den Kopf, daß ihm
die Mütze vom Kopfe flog.

Trotzdem ließ er den Gefangenen nicht aus dem
Schwitzkasten heraus, und auch dessen rechte Hand hielt
er noch immer fest.

Nun riß der Kleine mit wahrhaft wütender Hast
seine Mappe auf; aus der Mappe nahm er das Penal,
aus dem Penale seinen Stahlfederhalter, und plötzlich
fing er an, die Hand des langen Mageren, mit welcher
dieser die Hand seines Bruders gefangen hielt, mit der
Stahlfeder zu stechen.

„Verfluchter Bengel," sagte der Oberst vor sich hin,
„famoser Bengel!" Seine roten Augen blickten ganz
entzückt.

Dem langen Mageren wurde jetzt die Geschichte zu arg; durch den Schmerz gereizt, ließ er den ersten Gegner fahren, um sich mit wütenden Faustschlägen auf den Kleinen zu stürzen.

5 Dieser aber verwandelte sich vollständig in eine kleine Wildkatze. Die Mütze war ihm vom Kopfe geflogen; das gelockte Haar umklebte das totblasse, feine Gesicht, aus dem die Augen hervorglühten; die Mappe mit allem Inhalt lag an der Erde, und über Mütze und 10 Mappe hinweg ging er dem langen Mageren zu Leibe.

Er drängte sich an den Gegner, und mit den kleinen, krampfhaft geballten Fäusten arbeitete er ihm auf Magen und Leib, daß jener Schritt für Schritt zurückzuweichen begann.

15 Inzwischen war auch der Pausbäckige wieder zu sich gekommen, hatte seine Mappe aufgerafft, und mit Hieben auf Rücken und Flanke des Gegners griff er wieder in den Kampf ein.

Der große Magere schüttelte endlich den Kleinen von 20 sich, trat zwei Schritte zurück und nahm seine Mütze von der Erde auf. Der Kampf neigte sich zum Ende.

Atemlos keuchend standen sich die drei gegenüber. Der lange Magere zeigte ein häßliches Grinsen, hinter dem er die Scham über seine Niederlage zu verstecken 25 suchte; der Kleine, die Fäuste immer noch geballt, verfolgte jede seiner Bewegungen mit lodernden Augen, jeden Augenblick bereit, sich von neuem auf ihn zu stürzen, falls er noch einmal anfangen sollte.

Aber der lange Magere kam nicht wieder; er hatte

1. wurde ... arg, see arg.

genug. Höhnisch, mit den Achseln zuckend, zog er sich immer weiter zurück, und als er eine gewiſſe Entfernung erreicht hatte, fing er an zu schimpfen.

Die beiden Brüder rafften die Gerätschaften des Kleinen, die rings zerſtreut lagen, wieder zuſammen, packten sie in die Mappe, nahmen dann ihre Mützen auf, klopften den Staub davon und wandten sich zum Nachhauseweg. Dieser führte sie an den Fenſtern unſerer Weinſtube vorüber. Ich konnte mir den kleinen tapferen Kerl genauer ansehen; es war wirklich ein Raſſegeschöpf. Der lange Magere kam wieder hinter ihnen her, laut über den Platz hinter ihnen drein schreiend; der Kleine zuckte mit unſäglicher Verachtung die Schultern. „So ein feiger langer Schlacks,“ sagte er, und plötzlich blieb er stehen, dem Feinde das Geſicht zeigend. Augenblicklich blieb auch der lange Magere stehen, und beide Brüder brachen in ein spöttisches Gelächter aus.

Sie standen jetzt gerade unter dem Fenſter, an dem der alte Oberſt saß. Dieser beugte sich hinaus.

„Bravo, mein Junge,“ sagte er, „du bift ein schneidiger Kerl — da — trink’ mal eins dafür.“ Er hatte den Pokal aufgenommen und hielt ihn zum Fenſter hinaus, dem Kleinen hin. Der Knabe blickte überrascht auf, dann flüſterte er dem älteren Bruder etwas zu, gab ihm seine Mappe zu halten und nahm das große Glas in seine beiden kleinen Hände.

---

11. hinter . . . schreiend, see hinter. 14. ſo ein = ſolch ein. — Schlacks or Schläks: a peculiar North German or Berlin term = Bengel. 22. dafür = für das, was du gethan haſt.

Nachdem er einen genügenden Schluck getrunken hatte, faßte er das Glas mit der einen Hand um den Stiel, nahm dem Bruder seine Mappe wieder ab, und ohne weiter um Erlaubnis zu fragen, reichte er auch ihm das Glas.

Der Pausbäckige that gleichfalls einen Zug.

„So ein Bengel," sagte der alte Oberst, vor sich hin schmunzelnd; „ich gebe ihm mein Glas, und ohne weiteres läßt er seinen cher frère mit daraus trinken."

Dem Kleinen aber, der jetzt das Glas wieder zum Fenster hinaufreichte, sah man am Gesichte an, daß er nur etwas gethan hatte, was ihm ganz selbstverständlich erschien.

„Hat es geschmeckt?" fragte der alte Oberst.

„Ja, danke, sehr gut," sagte der Knabe, rückte grüßend seine Mütze und setzte mit dem Bruder seinen Weg fort.

Der Oberst sah ihnen nach bis daß sie um die Straßenecke bogen und seinen Blicken entschwanden.

„Mit solchen Jungen," sagte er dann, indem er wieder zum Selbstgespräch zurückkehrte, „es ist manchmal 'ne sonderbare Sache mit solchen Jungen."

„Daß sie sich so auf offener Straße prügeln," sagte mißbilligend der dicke Küfer, der noch auf seinem Platze stand; „man wundert sich, daß die Lehrer so etwas zulassen; es scheint doch, sie sind aus anständigen Familien."

„Das schadet gar nichts," grunzte der alte Oberst. „Jungen müssen ihre Freiheit haben, die Lehrer können

14. Hat es geschmeckt, see schmecken.

ihnen nicht immerfort auf der Tasche sitzen; Jungens
müssen sich prügeln."

Er erhob sich von seinem Sitze, so daß der Stuhl
unter ihm krachte, strich den Cigarrenstummel aus seiner
Spitze in den Aschbecher und ging steifbeinig zur Wand
hinüber, wo sein Hut an einem Nagel hing. Dabei
setzte er seine Gedanken fort.

„Aus solchen Jungen, da kommt die Natur heraus — alles, wie's wirklich ist — nachher, wenn das
älter wird, sieht sich das alles gleich — da kann man
Studien machen — an solchen Jungen."

Der Küfer hatte ihm den Hut in die Hand gegeben;
der Oberst nahm seinen Pokal noch einmal auf, in dem
noch ein Rest Rotwein stand.

„Verfluchte Bengel," brummte er, „haben mir alles
weggetrunken." Beinahe wehmütig blickte er auf die
dürftige Neige, dann setzte er den Pokal nieder, ohne
auszutrinken.

Der dicke Küfer wurde plötzlich lebendig.

„Trinken Herr Oberst vielleicht noch eins?"

Der Alte hatte, am Tische stehend, die Weinkarte
aufgeschlagen und brummte vor sich hin.

„Hm — eine andere Sorte vielleicht — kriegt man
aber nicht in Gläsern — eine Flasche allein — etwas zu
viel."

9. wenn das älter wird = wenn diese Jungens älter werden.
The use of das expresses good-natured familiarity, but also, according
to the situation, contempt. — das ... gleich = wenn die ... werden,
sehen sie sich alle gleich. 20. Trinken = trinkt. The plural verb,
used by inferiors, is intended to express great deference. The present
stands for the future.

Sein Blick ging langsam zu mir herüber; ich las in seinen Augen die stumme Frage des Menschen an den Nebenmenschen, ob er ihm helfen will, eine Flasche Wein zu bewältigen.

5 „Wenn der Herr Oberst erlauben," sagte ich, „ich bin gern bereit, eine Flasche mitzutrinken."

Er erlaubte es, und offenbar nicht ungern. Er schob dem Küfer die Weinkarte zu, unterstrich mit dem Zeigefinger eine Sorte und sagte im Befehlshabertone: „Da-
10 von eine Flasche."

„Das ist eine Marke, die ich kenne," wandte er sich zu mir, indem er den Hut auf den Stuhl warf und sich an den Tisch setzte, „ein edles Blut."

Ich hatte mich zu ihm an den Tisch gesetzt, so daß
15 ich sein Gesicht von der Seite sah. Seine Augen waren den Fenstern zugekehrt, und indem er an mir vorbei in den Himmel hinausblickte, spiegelte sich das Rot des Sonnenuntergangs in seinen Augen.

Ich sah ihn zum erstenmale in solcher Nähe.

20 In seinen Augen war etwas Traumverlorenes, und indem seine Hand mechanisch durch den langen grauen Bart strich, sah er aus, als stiegen aus der Flut der Jahre, die hinter ihm verrauscht waren, Gestalten vor ihm auf, die jung gewesen waren, als er jung war,
25 und die nun waren — wer sagte mir, wo? Die Flasche, die uns der Küfer brachte und vor uns auf den Tisch stellte, enthielt einen köstlichen Trank. Ein alter Bordeaux, ganz braun und ganz ölig, floß in unsere Gläser.

Ich nahm den Ausdruck auf, den der Alte vorhin ge
30 braucht hatte:

„Das muß ich sagen, Herr Oberst, es ist wirklich ein
edles Blut."

Seine roten Augen kamen aus der Ferne zurück,
rollten zu mir herüber und blieben auf mir haften, als
5 wollte er sagen, „Was weißt du? —"

Er that einen tiefen Schluck, trocknete sich die ange=
feuchteten Barthaare und sah über das Glas hin. „So
sonderbar," sagte er, „wenn man alt wird — man denkt
viel mehr an die frühesten Zeiten zurück, als an das,
10 was später war."

Ich schwieg, ich hatte das Gefühl, daß ich nicht
sprechen und fragen sollte. Wenn der Mensch sich er=
innert, dichtet er, und dichtende Menschen darf man
nicht befragen. Eine lange Pause trat ein.

15   „Was man so für Menschen kennen lernt," fuhr er
fort. „Wenn man so denkt — manche, die leben und
leben — wäre manchmal viel besser, sie lebten nicht —
und andere — die haben fortgemußt — viel zu früh."
Mit der flachen Hand strich er über die Tischplatte.
20 „Da unten liegt vieles."

Es sah aus, als bedeutete ihm die Tischplatte die
Oberfläche der Erde, und als dächte er an die, welche
unter der Erde liegen.

„Mußte vorhin so daran denken" — seine Stimme
25 klang dumpf — „wie ich den Jungen sah. So ein

---

7. So sonderbar = es ist so sonderbar. 15. Was man so für
Menschen = was für Menschen man so, etc. This so is often used
so indefinitely that it need not be translated. 17. wäre = es wäre.
18. die: here a demonstrative pronoun. The use of demonstratives
instead of relatives is characteristic of the spoken language. — fort=
gemußt = sterben müssen.

Junge — da kommt die Natur 'raus, spritzt ordentlich
'raus, — armsdick. Da sieht man ins Blut hinein. Ist
aber schade — das edle Blut geht leicht verloren — leich-
ter als das andere. — Habe einmal so einen Jungen
5 gekannt."

Da war's.

Der Küfer hatte sich in die hintere Ecke der Stube
gesetzt; ich verhielt mich lautlos; durch die Stille des
Zimmers ging die schwere Stimme des alten Obersten,
10 in Pausen, wie Windstöße, die einem Ungewitter, oder
einem schweren Ereignis der Natur vorangehen.

Seine Augen rollten wieder über mich hin, als
wollten sie mich daraufhin prüfen, ob ich zuhören
könnte. Er fragte nicht, ich sagte nichts, aber ich sah
15 ihn an, und mein Blick mochte ihm erwidern: „Erzähle."

Er fing aber noch nicht gleich an, sondern zog erst
mit Bedachtsamkeit eine große Cigarrentasche von har-
tem braunen Leder aus der Brusttasche seines Rocks,
nahm eine Cigarre heraus und zündete sie langsam an.

20 „Kennen ja wohl Berlin," sagte er, indem er das
Streichholz ausblies und die erste Qualmwolke über
den Tisch schickte, „sind wohl auch schon auf der Stadtbahn gefahren —."

„O ja, manchmal."

25 „Hm — na, wenn Sie vom Alexanderplatz nach der
Jannowitzbrücke fahren, hinter der Neuen Friedrich-
straße entlang, dann liegt da auf der rechten Seite in

20. Kennen = Sie kennen. With ja and wohl the regular order
of words in a sentence may, as here, indicate a question which needs
no answer, or to which the answer 'yes' is expected.

der Neuen Friedrichſtraße ein großer alter Kaſten, das
iſt das alte Kadettenhaus."

Ich nickte beſtätigend.

„Das neue da draußen in Lichterfelde, das kenne ich
5 nicht, aber das alte, das kenne ich — ja — hm — bin
nämlich ſeiner Zeit auch Kadett geweſen — ja — das
kenne ich."

Die Wiederholung ſeiner Worte gab mir das Gefühl, daß er nicht das Haus nur, ſondern auch mancher-
10 lei kennen mochte, was ſich in dem Hauſe begeben hatte.

„Wenn man vom Alexanderplatz kommt," fuhr er
fort, „dann kommt zuerſt ein Hof mit Bäumen. Jetzt
wächſt Gras in dem Hofe; zu meiner Zeit noch nicht,
denn da wurde exerziert, und die Kadetten gingen drin
15 ſpazieren, wenn Freiſtunde war. Dann kommt das
große Hauptgebäude, das einen viereckigen Hof um-
ſchließt, der der ‚Karreehof‘ hieß, und da gingen die
Kadetten auch ſpazieren. In den können Sie von
draußen nicht hineinſehen, wenn Sie vorbeifahren."

20   Ich nickte wieder beſtätigend.

„Und dann kommt noch ein dritter Hof; der iſt
kleiner, und an dem liegt ein Haus. Weiß nicht, wozu
es jetzt gebraucht wird; damals war es das Lazarett.
Da können Sie auch noch das Dach von der Turnhalle
25 ſehen, wenn Sie vorüberfahren, denn neben dem Lazarett
war der Hauptturnplatz. Da war ein Sprunggra-

4. Lichterfelde: near Berlin. The school for cadets was removed
to this place. It is the largest school for cadets in the empire, the
German West Point on a much larger scale. 6. nämlich: note the
colloquial force of this word. 14. exerziert: supply es = es wurde
da exerziert. 21. der: demonstrative.

ben und Klettergerüſte und alles mögliche andere —
jetzt iſt das alles fort. Aus dem Lazarett ging eine
Thür auf den Turnplatz hinaus, die war aber immer
verſchloſſen. Wenn man ins Lazarett hinein wollte,
5 mußte man vorne hineingehen, über den Hof weg. Die
Thür alſo, wie geſagt, war immer verſchloſſen; das
heißt, ſie wurde nur bei beſonderen Gelegenheiten auf-
gemacht, und das war dann jedesmal eine ſehr ſchlimme
Gelegenheit. Hinter der Thür nämlich war die Toten-
10 kammer, und wenn ein Kadett geſtorben war, dann
wurde er da hineingelegt, und die Thür blieb ſo lange
offen, bis die anderen Kadetten an ihm vorbeigeführt
worden waren, um ihn noch einmal zu ſehen, und bis
er hinausgetragen wurde — ja — hm." Eine lange
15 Pauſe folgte.

„Von dem neuen Hauſe da draußen," fuhr der alte
Oberſt in etwas geringſchätzigem Tone fort, „in Lichterfelde, wie geſagt, davon weiß ich nichts, habe aber
gehört, daß das jetzt eine große Geſchichte iſt mit einer
20 Maſſe Kadetten. Da in der Neuen Friedrichſtraße waren nicht ſehr viele, nur vier Kompagnien, und die
verteilten ſich auf zwei Klaſſen: Sekundaner und Primaner, und dazu kamen dann noch die Selektaner, die
nachher als Offiziere in die Armee kamen und die
25 man ‚die Bollen‘ nannte, weil ſie die Aufſicht über die
anderen führten und man ſie darum nicht leiden
konnte.

3. die: demonstrative. 4. hinein: supply gehen. 25. Bollen:
Bolle = Zwiebel, is a North German word. The nickname no doubt
refers to the onion's quality of bringing tears to the eyes.

„Bei der Kompagnie, bei der ich stand — es war
nämlich die vierte — da waren nun zwei Brüder, mit
denen ich auch in der Klasse zusammensaß, in Sekunda.
Der Name thut nichts zur Sache — aber — na, sie
hießen also von C. Bei den Vorgesetzten hieß der ältere
von den beiden C. I und der kleinere, der eineinhalb
Jahr jünger war als der andere, C. II; bei uns Kadetten aber hießen sie das große und das kleine C.
Das kleine C., ja — hm . . ."

Er rückte auf seinem Stuhle, seine Augen blickten
ins Weite. Es schien, daß er bei dem Gegenstande
seiner Erinnerung angelangt war.

„So etwas Verschiedenes von Brüdern habe ich nun
eigentlich nie wiedergesehen," fuhr er fort, indem er
eine dicke Wolke aus seiner Meerschaumspitze blies.
„Das große C. war ein vierschrötiger Bengel mit
plumpen Gliedern und einem dicken Kopf, das kleine
C. wie eine Weidengerte, so schlank und elastisch. Er
hatte einen kleinen schmalen Kopf und blondes, wel-
liges Haar, das sich von selbst lockte, und ein Näschen
wie ein kleiner Adler, und überhaupt — es war ein
Junge —"

Der alte Oberst that einen schnaufenden Atemzug.
„Nun muß man nicht denken, daß so etwas unter den
Kadetten gleichgültig war; sondern im Gegenteil. Kaum
daß die Brüder aus der Voranstalt, ich glaube sie kamen aus Wahlstatt, im Kadettenhaus in Berlin eingerückt waren, hatte es sich schon entschieden: das große

13. So . . . verschiedenes = etwas so verschiedenes.   25. kaum
daß . . . eingerückt waren = kaum waren . . . eingerückt.

L. wurde links liegen gelassen und das kleine L. war
der allgemeine Liebling.

„Unter solchen Jungens ist das nämlich eine ko=
mische Geschichte: die großen und starken, das sind die
Könige, und wem sie ihre Gunst zuwenden, dem geht
es gut. Das schafft ihm auch bei den anderen Respekt,
und es getraut sich so leicht keiner an den heran.
Solche Jungen — da kommt eben die Natur noch 'raus;
das ist halb wie bei den Tieren, und vor dem größten
und stärksten Tier kuschen sich die anderen."

Erneute Stöße aus der Meerschaumspitze begleiteten
diese Worte.

„Wenn die Kadetten in der Freistunde 'runter=
kamen, dann fanden sich immer die zusammen, die
gut Freund miteinander waren, und die gingen dann
Arm in Arm um den Karreehof spazieren und nach
dem Hofe, wo die Bäume stehen, und so immerzu, bis
daß zur Arbeitstunde getrommelt wurde.

Das große L. — na — das schloß sich denn nun eben
da an, wo es gerade Anschluß fand, und stakte miß=
mutig vor sich hin — das kleine L. dagegen, kaum daß
er auf den Hof 'runtergekommen war, wurde er schon
von zwei oder drei anderen Großen unter den Arm
genommen und mußte mit ihnen spazieren gehen. Und
das waren sogar Primaner. Für gewöhnlich nämlich
fiel es so einem Primaner gar nicht ein, mit einem
‚Schnappsack' aus Sekunda zu gehen, die standen tief

1. links . . . gelassen, see links. 7. es: this es serves the purpose
of placing the verb ahead, the real subject being keiner. 8. da = bei
solchen Jungen. 27. die: demonstrative.

unter ihrer Würde; aber mit dem kleinen L. war das
etwas anderes, da wurde eine Ausnahme gemacht.
Trotzdem war er bei den Sekundanern nicht weniger
beliebt, als bei den Primanern. Das konnte man in
der Klasse sehen, wo wir ja unter uns Sekundanern
waren. In der Klasse saßen wir nach dem Alphabet,
und also saßen die beiden L. so ziemlich in der Mitte,
nebeneinander.

„Sie kamen im Unterricht ziemlich egal fort. Das
große L. hatte einen guten Kopf für Mathematik; in
allem übrigen war nicht viel mit ihm los, aber in
Mathematik, da war er, wie man zu sagen pflegte,
‚ein Hecht,‘ und das kleine L., das nicht gerade stark im
Rechnen war, schrieb von dem Bruder ab. In allem
übrigen war das kleine L. dem älteren Bruder über
und überhaupt einer der besten in der Klasse. Und da
war nun ein Unterschied zwischen den Brüdern: Das
große L. behielt seine Weisheit für sich und sagte nicht
vor; das kleine L., das sagte vor — es brüllte förmlich
— ja, ja, ja —“

Ein liebevolles Lächeln ging über das Gesicht des
alten Mannes.

„Wenn auf der vordersten Bank einer aufgerufen
wurde und nicht Bescheid wußte — das kleine L. zischte
über alle Bänke weg, was er zu sagen hatte; wenn
auf der hintersten Bank einer drankam, sprach das
kleine L. die Antwort halblaut vor sich hin.

„Da war ein alter Professor, bei dem wir Lateinisch
hatten. Beinah in jeder Stunde einmal blieb er mitten

26. drankam = an die Reihe kam.

in der Klaſſe ſtehen. ,L. II,' ſagte er, ,Sie ſagen ſchon
wieder vor! Und zwar in einer ganz unverſchämten
Weiſe! Nehmen Sie ſich in acht, L. II, ich werde
nächſtens ein Exempel an Ihnen ſtatuieren! Ich ſage
es Ihnen heute zum letztenmale!'"

Der alte Oberſt lachte in ſich hinein: „Iſt aber
jedesmal das vorletzte Mal geblieben, und das Exempel
hat er nie ſtatuiert. Denn obgleich das kleine L. kein
Muſterknabe war, ſondern viel eher das Gegenteil, war
er doch auch bei den Lehrern und Offizieren beliebt —
und das konnte auch gar nicht anders ſein. Immer
fidel war das, als wenn's jeden Tag was geſchenkt gekriegt hätte, obgleich es gar nichts geſchenkt kriegte —
denn der Vater von den beiden war ein ganz armer
Major in irgend einem Infanterieregiment, und die
beiden Jungens bekamen kaum einen Groſchen Taſchengeld. Und immer, wie aus dem Ei gepellt, ſo propper
von außen und innen — überhaupt —"

Der Oberſt machte eine Pauſe; es war als ſuchte er
einen Ausdruck, um ſeine ganze Liebe zu dem einſtigen
kleinen Kameraden zuſammenzufaſſen.

„Wie wenn die Natur mal bei recht guter Laune
geweſen wäre," ſagte er dann, „und den Jungen auf
die Füße geſtellt hätte und geſagt hätte: ,Da habt ihr
ihn.'

„Nun war das merkwürdig," fuhr er fort, „ſo ver-
ſchieden die beiden Brüder waren, ſo hingen ſie doch
ſehr aneinander.

12. das = er. 18. gepellt: this verb is in popular use in North
Germany for ſchälen.

„Dem großen L. merkte man das nicht so an; der war immer mürrisch und zeigte nichts; aber das kleine L. konnte nichts verstecken.

„Und weil das kleine L. sich dessen bewußt war, wie viel besser er von den übrigen Kadetten behandelt wurde, als sein Bruder, so that ihm das um seinen Bruder leid. Wenn sie auf dem Hofe spazieren gingen, dann konnte man sehen, wie er von Zeit zu Zeit nach dem Bruder ausschaute, ob er auch jemanden hätte, mit dem er ging. Daß er in der Klasse dem Bruder vorsagte und ihn von sich abschreiben ließ, wenn Extemporalien diktiert wurden, das versteht sich von selbst; aber er paßte auch auf, daß niemand seinem Bruder was zuleide that, und wenn er ihn so manchmal von der Seite ansah, ohne daß der große acht darauf gab, dann wurde das Gesichtchen oft ganz merkwürdig ernst, beinahe als ob er sich um den Bruder sorgte —"

Der Alte rauchte stärker.

„Das hab' ich mir nachher so zusammengefunden," sagte er, „als alles gekommen war, was kommen sollte; er mochte besser Bescheid wissen, wie es mit dem großen L. stand, als wir damals, und was der Bruder für Eigenschaften hatte.

„Bei den Kadetten war das natürlich bekannt, und obschon es dem großen L. nichts weiter half, denn der blieb unbeliebt, nach wie vor, so machte es das kleine L. doch um so beliebter, und man nannte ihn allgemein ‚die brüderliche Liebe.‘

Die beiden wohnten auf einer Stube zusammen, und das kleine L., wie ich schon gesagt habe, war sehr

propper, das große dagegen malpropper. Da machte
sich nun das kleine L. geradezu zum Diener für seinen
Bruder, und es kam vor, daß er ihm die Knöpfe am
Uniformrock putzte, und bevor zum Appell angetreten
5 wurde, stellte er sich noch einmal, mit der Kleiderbürste
in der Hand, vor ihn und bürstete und schrubberte ihn
förmlich — namentlich an den Tagen, wo der ‚böse
Lieutenant‘ den Dienst hatte und den Appell abnahm.

„Zum Appell nämlich mußten die Kadetten des
10 Morgens auf den Hof hinuntertreten, und dann ging
der diensthabende Offizier zwischen den Reihen entlang
und untersuchte, ob ihre Kleidung in Ordnung war.

„Und wenn der ‚böse Lieutenant‘ das besorgte, dann
herrschte jedesmal eine Hundeangst bei der ganzen Kom=
15 pagnie, denn er fand immer etwas. Er ging hinter
die Kadetten und knipste mit den Fingern auf ihre
Röcke, ob Staub herauskäme, und wenn da keiner kam,
dann nahm er ihre Rocktaschen auf und klopfte darauf,
und nun mochte man so einen Rock ausgeklopft haben,
20 so sehr man wollte, etwas Staub blieb schließlich doch
immer sitzen, und sobald der ‚böse Lieutenant‘ das sah,
sagte er mit einer Stimme wie ein alter meckernder
Ziegenbock: ‚Schreiben Sie den auf — zum Sonntag
zum Rapport,‘ und dann war der Sonntagsurlaub zum
25 Teufel, und das war dann sehr traurig.“

1. propper and malpropper are spelled with two p's, simply to
indicate the pronunciation of the short o, in a sort of off-hand way.
Otherwise the French spelling *propre* is the rule. — Da = unter die=
sen Umständen. 4. angetreten wurde: the subject is es, which is
never expressed with the passive voice in such dependent sentences.
24. war zum Teufel = war verloren.

Der alte Oberst machte eine Pause, trank einen energischen Schluck und strich sich mit der flachen Hand den Bart von der Oberlippe in den Mund, um die Weinperlen, die an den Barthaaren glitzerten, abzusau-
5 gen; die Erinnerung an den ‚bösen Lieutenant‘ machte ihn offenbar fuchswild.

„Wenn man denkt," brummte er, „was dazu für eine Gemeinheit gehört, so einem armen Jungen, der sich acht Tage lang darauf gefreut hat, Sonntags aus-
10 gehen zu dürfen, das zu nehmen, wegen einer Lum-perei — na überhaupt — wenn ich gemerkt habe, daß jemand die Leute chikanierte — das hat's bei meinem Regiment später nicht gegeben, das haben sie gewußt, daß ich da war und das nicht litt. — Mal grob werden,
15 auch ganz gehörig unter Umständen, in Arrest schmeißen, das schadet nichts — aber chikanieren — dazu gehört ein gemeiner Kerl!"

„Sehr wahr!" rief der Küfer aus dem Hintergrunde und bekundete dadurch, daß er der Erzählung des Ober-
20 sten gefolgt war.

Der Alte beruhigte sich und fuhr in seinem Berichte fort:

„Das alles, das ging nun so ein Jahr, und dann kam die Zeit, wo die Examina gemacht wurden, und
25 das war immer eine ganz besondere Zeit.

„Die Primaner machten das Fähnrich-Examen und

---

7. was ... gehört = was für eine Gemeinheit dazu gehört. 11. The language of the Colonel, its jerked-out sentences, avoidance of relatives, and the somewhat disconnected order of his remarks, is exactly the kind that may be heard any day in the spoken language. 14. Mal for einmal.

die Selektaner, die man auch, wie ich schon gesagt habe, ‚die Bollen‘ nannte, das Offiziers-Examen, und sobald sie das Examen hinter sich hatten, wurden sie nach Haufe, aus dem Kadettenkorps fortgeschickt, und so kam es, daß dann eine Zeit lang bloß noch die Sekundaner da waren, die nun in der Zeit nach Prima versetzt wurden.

„Das dauerte dann, bis daß aus den Voranstalten die neuen Sekundaner einrückten und bis die neu er-nannten ‚Bollen‘ wiederkamen, und dann ging die Karre wieder den gewöhnlichen Gang. In der Zwischenzeit aber herrschte so eine Art von Unordnung, und nament-lich, wenn die letzten Primaner abgingen — sie wurden nämlich abteilungsweise examiniert und fortspediert, dann ging alles ziemlich drunter und drüber.

„Da war nun auf der Stube, wo die beiden Brüder wohnten, ein Primaner, wie man bei den Kadetten sagte, ein ‚patenter‘ Kerl. Und weil er sich vorgenom-men hatte, sobald er das Examen hinter sich hätte und an die freie Luft käme, als feiner Mann aufzutreten, so hatte er sich statt des Säbelkoppels, das wir Ka-detten von der Anstalt geliefert bekamen und tru-gen, ein eigenes Koppel von lackiertem Leder machen lassen, das schmaler war und feiner aussah als so ein ordinäres Kommißkoppel. Er konnte sich näm-lich so etwas leisten, denn er bekam von Hause Geld geschickt.

„Er hatte das Koppel überall herumgezeigt, denn

18. weil... käme: notice the difference between the indicative hatte in the first clause and the subjunctive hätte in the second.

er war schmählich stolz darauf, und die übrigen Kadetten hatten es bewundert.

„Wie nun der Tag kam, wo der Primaner seine
Siebensachen zusammenpackte, um nach Hause zu gehen,
wollte er sein feines Koppel umschnallen — und mit
einemmale war das Ding nicht mehr da.

„Es entstand ein großes Halloh; überall wurde gesucht; das Koppel war nicht aufzufinden. Der Primaner hatte es nicht in sein Spind geschlossen, sondern im
Schlafzimmer, wo die Helme der Kadetten offen unter
einem Vorhange standen, zu seinem Helm gelegt — und
von da war es fort.

„Es war also gar nicht anders möglich — es mußte
es jemand genommen haben.

„Aber wer? —

„Man dachte zuerst an den alten Aufwärter, der
den Kadetten die Stiefel putzte und das Schlafzimmer
in Ordnung brachte — aber das war ein alter ehe-
maliger Unteroffizier, der sich sein langes Leben lang
nie die geringste Unregelmäßigkeit hatte zu schulden
kommen laffen. Einer von den Kadetten doch nicht
etwa gar? Aber wer konnte so etwas überhaupt denken?
Also blieb die Sache ein Geheimnis, und zwar ein
faules. Der Primaner fluchte und schimpfte, weil er
nun doch mit dem Kommißkoppel abziehen mußte;

7. wurde gesucht: the indefinite subject es, not the pronoun es
standing for Koppel, is omitted. This omission is the rule when the
sentence begins with an adverb. 13. es...haben: the first es is the
indefinite subject, the second es is the object, the subject being jemand. 20. zu schulden...laffen, see schuld. 21. doch...gar, see
doch.

die übrigen Kadetten auf der Stube waren ganz stumm
und bedrückt; sie hatten gleich alle ihre Spinden aufge-
schlossen und den Primaner aufgefordert, bei ihnen
nachzusehen, aber der hatte bloß geantwortet, ‚ist ja
5 Unsinn — wer denkt denn an so etwas?‘

„Und nun geschah etwas Merkwürdiges, was noch
mehr Aufsehen erregte, als alles Vorherige: mit einemmal hatte der Primaner sein Koppel wieder.

„Er war schon, mit dem Koffer in der Hand, aus
10 der Stube gegangen, und wie er schon auf der Treppe
war, wurde er plötzlich von hinten angerufen, und wie
er sich umwandte, kam das kleine C. hinter ihm drein
gelaufen und trug etwas in der Hand — und das war
das Koppel des Primaners.

15 „Ein paar andere waren zufällig vorübergegangen,
und die erzählten nachher, daß das kleine C. leichenblaß
gewesen war und daß ihm die Glieder am Leibe nur
so geflogen waren. Er hatte dem Primaner etwas ins
Ohr gesagt und sie hatten beide ganz leise ein paar
20 Worte miteinander gewechselt, und dann hatte der Primaner ihm den Kopf gestreichelt, sein Kommiskoppel
abgebunden und das feine Koppel umgeschnallt und
war gegangen; das Kommiskoppel hatte er dem kleinen
C. übergeben, um es zurückzutragen.

25 „Nun konnte die Geschichte natürlich nicht länger
verborgen bleiben, und sie kam denn auch ’raus.

„Es war eine neue Belegung der Zimmer angeordnet worden; das große C. war verlegt worden; und
gerade während sich das alles begab, hatte er seinen
30 Umzug nach der neuen Stube vollzogen.

Nachher fiel es den Kadetten ein, daß er sich dabei
merkwürdig leise verhalten hatte — aber das kennt man
ja; wenn's Gras gewachsen ist, dann hat's nachher
jeder wachsen hören.   Soviel aber war richtig: er hatte
sich von niemandem helfen lassen, und als das kleine L.
mit Hand anlegte, war er gegen den kleinen Bruder
ganz grob geworden. Das kleine L. aber, hülfsbereit
wie er nun einmal war, hatte sich nicht abschrecken
lassen, und wie er aus dem Spinde des Bruders die
Drillich-Turnjacke herausnimmt, die ganz sorgfältig zu-
sammengefaltet lag, fühlt er mit einemmal was Hartes
drin — und das war das Koppel des Primaners.

„Was die Brüder miteinander in dem Augenblick
gesprochen haben, ob sie überhaupt etwas gesprochen
haben, das hat nie jemand erfahren; denn das kleine
L. hatte noch soviel Geistesgegenwart, daß er lautlos
aus der Stube ging. Kaum aber aus der Thüre 'raus
und auf dem Flur, schmiß er die Jacke auf den Boden
und ohne dran zu denken, was nun aus der Geschichte
werden sollte, lief er mit dem Koppel hinter dem Primaner her.

„Nun aber war natürlich nicht mehr zu helfen; in
fünf Minuten war die Geschichte in der Kompagnie
herum. Das große L. hatte sich vom Teufel reiten
lassen und lange Finger gemacht.

„Eine halbe Stunde darauf wurde leise von Zimmer
zu Zimmer gesagt: heut abend, wenn die Lampen
ausgelöscht sind, alles zur Beratung auf den Kompagniesaal!

25. lange... machen, see finger. 28. alles = alle Kadetten.

„In jedem Kompagnierevier war nämlich so ein größerer Raum, wo Censuren ausgegeben und sonstige Staatsaktionen vorgenommen wurden, der hieß der Kompagniesaal.

5 „Abends also, als die Lampen aus und alles ganz dunkel war, kam es aus allen Stuben über den Flur; keine Thür durfte klappen, alles ging in Strümpfen, denn der Hauptmann und die Offiziere wußten noch von nichts und durften von der Zusammenkunft nichts 10 wissen, weil wir sonst ein Donnerwetter über den Hals gekriegt hätten.

„Wie wir an die Thür vom Kompagniesaal kamen, stand an der Wand neben der Thür einer, weiß wie der Kalk an der Wand — das war das kleine L. Ein 15 paar faßten ihn gleich an der Hand. ‚Das kleine L. kann mit ’rein,‘ hieß es, ‚der kann nichts dafür.‘ Nur einer von allen wollte sich widersetzen, das war ein langer, großer Bengel — er hieß — Namen thun ja nichts zur Sache — na, also er hieß K. Aber er wurde 20 gleich überstimmt, das kleine L. wurde mit hereinge= nommen, ein paar Talglichter wurden angezündet und auf den Tisch gestellt und nun ging die Beratung los.“

Das Glas des Obersten war leer geworden; ich schenkte ihm ein, und er that einen tiefen Zug.

25 „Über das alles,“ fuhr er fort, „kann man jetzt lachen, wenn man will; aber soviel kann ich sagen, uns war gar nicht zum Lachen zu Mut, sondern ganz

---

6. kam es = kam man. The use of es makes the expression weird or uncanny. 16. kann mit ’rein = kann auch hereinkommen. — kann nicht dafür = ist unschuldig. 27. uns…Mut, see Mut.

unheimlich. Ein Kadett, ein Spitzbube — das war uns
etwas Gräßliches. Alle Gesichter waren blaß, und es
wurde nur halblaut gesprochen. Für gewöhnlich galt
es als die scheußlichste Gemeinheit, wenn ein Kadett
den anderen bei den Vorgesetzten anzeige — aber wenn
einer so etwas that und stahl, dann war er für uns
kein Kadett mehr, und darum sollte jetzt beraten wer=
den, ob wir dem Hauptmann anzeigen sollten, was das
große L. gethan hatte.

„Der lange K. nahm zuerst das Wort. Er erklärte,
daß wir unbedingt zum Hauptmann gehen und ihm
alles sagen müßten, denn bei einer solchen Gemeinheit
hörten alle Rücksichten auf. Der lange K. war jetzt der
Größte und Stärkste von der Kompagnie; seine Worte
machten darum einen besonderen Eindruck, und im
Grunde waren wir anderen derselben Meinung.

„Niemand wußte darum etwas zu erwidern und es
trat ein allgemeines Stillschweigen ein. In dem Augen=
blicke aber öffnete sich die Reihe, die rund um den Tisch
stand, und das kleine L., das sich bis dahin in die
hinterste Ecke vom Saal gedrückt hatte, trat in den
Kreis vor. Die Arme hingen ihm schlaff am Leibe,
und das Gesicht hielt er zu Boden gesenkt; man sah,
daß er was sagen wollte, aber nicht den Mut dazu fand.

„Der lange K. hatte wieder das große Maul. ‚L. II,‘
sagte er, ‚hat hier nicht mitzureden.‘

„Aber diesmal hatte er kein Glück. Er war den
beiden schon immer aufsässig gewesen, niemand wußte
recht warum, namentlich dem kleinen L. Er war auch
gar nicht beliebt, denn wie solche Jungens nun einmal

einen koloſſal feinen Inſtinkt haben, mochten ſie fühlen, daß in dem langen Lümmel eine ganz gemeine, feige, elende Seele ſteckte.

„Er war ſo einer von denen, die ſich nie an gleich
5 Große wagen, ſondern die Kleineren und Schwächeren mißhandeln.

„Darum brach jetzt ein flüſtern von allen Seiten aus.

„‚Das kleine L. ſoll wohl reden! Erſt recht ſoll es reden!‘

10 „Als der Junge, der noch immer ſtarr und ſteif daſtand, hörte, wie ſeine Kameraden für ihn Partei nahmen, liefen ihm mit einemmal die dicken Thränen über die Backen; er ballte beide Hände und drückte ſie an die Augen und ſchluchzte ſo furchtbar, daß der ganze
15 Körper von oben bis unten flog und er kein Wort ’rausbringen konnte.

„Einer trat an ihn heran und klopfte ihn auf den Rücken.

„‚Beruhige dich doch,‘ ſagte er, ‚was willſt du denn
20 ſagen?‘

„Das kleine L. ſchluchzte immer noch fort.

„‚Wenn — er angezeigt wird‘ — brachte er dann in großen Abſätzen heraus — ‚wird er aus dem Korps ge-ſchmiſſen — und was ſoll dann aus ihm werden?‘

25 „Alles verſtummte; wir wußten, daß der Junge ganz recht hatte, und daß das die folge davon ſein würde, wenn wir ihn anzeigten. Dabei wußten wir auch, daß

---

8. Erſt recht = nun mehr als vorher. The expression denotes spite, or a strong desire to refuse flatly, or assert the contrary of a statement.

fein Vater arm war, und unwillkürlich dachte ein jeder, was fein Vater sagen würde, wenn er so etwas von seinem Sohne erführe.

„‚Aber das mußt du doch selbst einsehen,‘ fuhr der Kadett zu dem kleinen L. fort, ‚daß dein Bruder eine ganz gemeine Geschichte gemacht hat und Strafe dafür verdient.‘

„Der kleine L. nickte stumm; seine Gesinnung stand ja ganz auf der Seite derer, die seinen Bruder anklagten. Der Kadett überlegte einen Augenblick, dann wandte er sich an die anderen:

„‚Ich mache einen Vorschlag,‘ sagte er, ‚wir wollen L. I, wenn's nicht sein muß, nicht fürs Leben unglücklich machen. Wir wollen probieren, ob er noch anständige Gesinnung im Leibe hat. L. I soll selber wählen, ob er will, daß wir ihn anzeigen, oder daß wir die Sache unter uns lassen, ihn gehörig durchprügeln, und daß dann die Geschichte begraben sein soll.‘

„Das war ein famoser Ausweg. Alles stimmte eifrig bei.

„Der Kadett legte dem kleinen L. die Hand auf die Schulter. ‚Dann geh’ also,‘ sagte er, ‚und ruf’ deinen Bruder her.‘

„Das kleine L. trocknete sich die Thränen und nickte hastig mit dem Kopfe — dann war er zur Thür hinaus, und einen Augenblick darauf war er schon wieder mit dem Bruder zurück.

„Das große L. wagte niemanden anzusehen; wie ein Ochse, den man vor den Kopf geschlagen hat, stand er vor seinen Kameraden. Der Kleine stand hinter ihm und verwandte kein Auge von dem Bruder.

„Der Kadett, der vorhin den Vorschlag gemacht hatte, begann das Verhör mit C. I.

5 „„Ob er eingeständе, daß er das Koppel genommen hätte?‘

„Er gestand es ein.

„„Ob er fühlte, daß er etwas gethan hätte, was ihn eigentlich unwürdig machte, noch länger Kadett zu sein?‘

10 „Er fühlte es.

„„Ob er wollte, daß wir ihn dem Hauptmann an= zeigten, oder daß wir ihn gehörig durchprügelten, und daß dann die Geschichte begraben sein solle?‘

„Es war ihm lieber, durchgeprügelt zu werden.

15 „Ein Seufzer der Erleichterung ging durch den gan= zen Saal.

„Es wurde beschlossen, die Geschichte gleich jetzt an Ort und Stelle abzumachen.

„Einer wurde hinausgeschickt, um einen Rohrstock 20 herbeizuholen, wie wir sie zum Ausklopfen unserer Klei= der hatten.

„Während er hinaus war, versuchten wir dem kleinen C. zuzureden, daß er den Saal verlassen sollte, um bei der Exekution nicht zugegen zu sein.

25 „Er schüttelte aber schweigend den Kopf; er wollte dabei bleiben.

„Sobald der Rohrstock gekommen war, mußte das

5. Ob er eingeständе: a dependent clause containing the question in the subjunctive, depending on a sentence understood, Er wurde ge= fragt ob . . .

große L. sich mit dem Gesicht nach unten auf den Tisch
legen, zwei Kadetten faßten seine Hände und zogen ihn
nach vorn, zwei andere nahmen ihn an den Füßen,
sodaß der Körper ausgespannt wurde.

5   „Die Talglichter wurden vom Tische genommen und
hoch gehoben, und die ganze Geschichte sah nun geradezu
greulich aus.

„Der lange K., weil er der Stärkste war, sollte die
Exekution ausführen; er nahm den Rohrstock in die
10 Hand, trat zur Seite und ließ den Stock mit allen Leibeskräften auf das große L. niedersausen, dessen Körper
nur mit der Drillichjacke und Hose bekleidet war.

„Der Junge bäumte sich förmlich auf unter dem
furchtbaren Hiebe und wollte schreien; in dem Augen-
15 blicke aber stürzte das kleine L. auf ihn zu, nahm seinen
Kopf in beide Hände und drückte ihn an sich.

„‚Schrei' nicht,‘ flüsterte er ihm zu, ‚schrei' nicht, sonst
kommt alles 'raus!‘

„Das große L. schluckte den Schrei hinunter und gur-
20 gelte und ächzte halblaut vor sich hin.

„Der lange K. hob wieder den Stock, und ein zweiter
Hieb knallte durch den Saal.

„Der Körper des Geschlagenen wälzte sich förmlich
auf dem Tische, sodaß die Kadetten ihn kaum an den
25 Händen und Füßen festzuhalten vermochten. Das kleine
L. hatte beide Arme um den Kopf des Bruders geschlungen und drückte ihn mit krampfhafter Gewalt an
sich. Seine Augen waren ganz weit aufgerissen, sein
Gesicht wie der Kalk an der Wand, sein ganzer Körper
30 zitterte.

„In dem ganzen Saale war eine Totenstille, sodaß man nur das Röcheln und Schnaufen des Gestraften hörte, das der kleine Bruder an seiner Brust erstickte; alle Augen hingen an dem Jungen; alle hatten wir das Gefühl, daß wir das nicht mehr lange mit ansehen konnten.

„Als darum der dritte Hieb gefallen war und das Schauspiel von vorhin sich wiederholt hatte, entstand ein allgemeines aufgeregtes Flüstern, ‚Jetzt ist's genug, nicht mehr schlagen!‘

„Der lange K., der von der Anstrengung ganz rot geworden war, wollte noch zu einem vierten Schlage ausholen, aber mit einemmale warfen sich dreie, viere zwischen ihn und das große L., rissen ihm den Rohrstock aus der Hand und stießen ihn zurück.

„Das große L. wurde losgelassen, richtete sich langsam auf und stand dann, ganz wie gebrochen, am Tische; das kleine L. stand neben ihm.

„Die Exekution war zu Ende.

„Der Kadett von vorhin erhob noch einmal, aber immer nur halblaut, die Stimme.

„‚Jetzt ist die Sache aus und begraben,‘ sagte er; ‚ein jeder giebt jetzt L. I die Hand, und ein Schuft, wer von der Sache noch ein Wort spricht!‘

„Ein allgemeines ‚Ja, ja‘ zeigte, daß er ganz im Sinne der anderen gesprochen hatte. Man trat heran und reichte dem großen L. die Hand, dann aber, wie auf Kommando, stürzte sich alles auf das kleine L. Es

10. nicht mehr schlagen: a form of imperative. Er soll or du sollst is understood.

entstand ein förmlicher Knäuel um den Jungen, denn
jeder und jeder wollte ihm die Hand drücken und schütteln. Die Hintenstehenden streckten die Hände über die
Vorderen weg. Einige kletterten sogar auf den Tisch,
um an ihn heranzukommen, man streichelte ihm den
Kopf, klopfte ihn auf die Schultern, den Rücken, und
dabei war ein allgemeines Geflüster: ‚Kleines L., du
famoser Kerl, du famoses kleines L.‘“

Der alte Oberst hob das Glas an den Mund — es
war, als hätte er etwas hinunterzuschlucken gehabt. Als
er wieder absetzte, schnaufte er aus tiefster Brust.

„Solche Jungens,“ sagte er, „die haben Instinkt —
Instinkt und Gefühl.

„Die Lichter wurden ausgepustet, alles huschte über
den Flur in die Stuben zurück; fünf Minuten später
lag alles in den Betten, und alles war vorbei.

„Der Hauptmann und die übrigen Offiziere hatten
keinen Laut von der ganzen Geschichte gehört.

„Alles war vorbei“ — die Stimme des Erzählers
wurde schwer; er hatte beide Hände in die Hosentaschen
gesenkt und blickte durch den Qualm der dampfenden
Cigarre vor sich hin.

„So dachten wir den Abend, als wir uns in die
Betten legten. —

„Ob das kleine L. die Nacht geschlafen hat? Am
andern Tage, als wir in der Klasse zusammenkamen,
sah es nicht so aus.

„Früher war es gewesen, als wenn an der Stelle,
wo der Junge saß, ein Kobold säße, und er hatte über
die ganze Klasse weg gekräht — jetzt war es, als wenn

an der Stelle ein Loch war — ganz still und blaß saß
er an seinem Platz.

„Wie wenn man einem Schmetterling den Staub
von den flügeln wischt — so war's mit dem Jungen —
5 ich kann's nicht anders beschreiben.

„Nachmittags sah man ihn jetzt immer mit dem
Bruder zusammengehen. Er mochte fühlen, daß das
große L. jetzt erst recht keinen Anschluß bei den anderen
finden würde — darum leistete er ihm Gesellschaft. Und
10 da gingen denn die beiden, Arm in Arm, immer um
den Karreehof herum und über den Hof mit den Bäumen, einer wie der andere den Kopf an der Erde, kaum
daß man sah, daß sie je ein Wort sprachen."

Wieder kam eine Pause in der Erzählung, wieder
15 mußte ich das leer gewordene Glas des Obersten füllen,
und dicker qualmte die Cigarre.

„Aber das alles," fuhr er fort, „hätte sich im Laufe
der Zeit vielleicht noch ausgewachsen und wieder gegeben — aber die Menschen!"

20 Er legte die geballte faust auf den Tisch.

„Es giebt Menschen," sagte er grollend, „die sind
wie das Giftkraut auf dem felde, an dem sich die Tiere
den Tod in den Leib fressen. An solchen Menschen
vergiften sich die übrigen!

25 „Also, eines Tages hatten wir Physikstunde. Der
Lehrer machte uns Experimente an der Elektrisier-

8. erst recht, see note 8, p. 33. 18. ausgewachsen ... gegeben =
wäre wieder gut geworden. 25. Also: this word is very idiomatic
and very frequent. In general it denotes an inference, but frequently
it may reëstablish a connection broken by a remark which does not
strictly belong to the general statement.

maſchine vor, und es ſollte ein elektriſcher Schlag durch
die ganze Klaſſe geleitet werden.

„Zu dem Ende mußte ein jeder dem Nebenmanne
die Hand geben, damit die Kette hergeſtellt würde.

5   „Wie nun das große C., das neben dem langen K.
ſitzt, dem die Hand hinhält, ſchneidet der Lümmel ein
Geſicht, als ſollte er eine Kröte anfaſſen, und zieht die
Hand zurück.

„Das große C. ſank ganz lautlos in ſich zuſammen
10 und ſaß da, wie mit Blut übergoſſen.

In demſelben Augenblicke aber iſt das kleine C. von
ſeinem Platze auf, um den Bruder herum, hat ſich an
deſſen Stelle neben dem langen K. geſetzt, deſſen Hand
gepackt und mit allen Leibeskräften auf die Bank auf=
15 geſtoßen, daß der lange Schlaks laut aufſchreit vor
Schmerz.

„Dann greift er den Kleinen am Halſe, und nun
werden die beiden anfangen, ſich mitten in der Stunde
regelrecht zu hauen.

20   „Der Lehrer, der noch immer an ſeiner Maſchine
gebaſtelt hatte, kam jetzt mit flatternden Rockſchößen
heran.

„‚Aber! Aber! Aber!‘ rief er.

„Es war nämlich ein alter Mann, vor dem wir
25 nicht gerade viel Reſpekt hatten.

„Die beiden hatten ſich ſo ineinander verbiſſen, daß
ſie nicht losließen, obgleich der Lehrer gerade vor ihnen
ſtand.

18. werden: the future here serves to make the scene more
realistic.

„Welche Ungehörigkeit!' rief der Lehrer. ‚Welche Ungehörigkeit! Wollen Sie wohl gleich voneinander ablaffen!'

Der lange K. machte ein Geficht, als wenn er los-heulen wollte.

„L. II hat angefangen,' fagte er, ‚obgleich ich ihm gar nichts gethan habe.'

„Das kleine L. ftand aufrecht auf feinem Platz — denn wir mußten immer aufftehen, wenn die Lehrer zu uns fprachen — an jeder Schläfe lief ihm ein dicker Schweißtropfen langfam herunter; er fagte kein Wort, er hatte die Zähne fo aufeinander gebiffen, daß man die Muskeln der Kinnbacken durch die fchmalen Backen hindurch fehen konnte. Und als er hörte, was der lange K. fagte, ging ein Lächeln über fein Geficht — ich habe fo etwas nie gefehen.

„Der alte Lehrer erging fich noch eine ganze Weile in fchön gefetzten Perioden über eine folche unerhörte Ungehörigkeit, fprach von dem Abgrunde innerer Roh-heit, auf den ein folches Benehmen hindeutete — wir ließen ihn reden; unfere Gedanken waren bei dem kleinen L. und dem langen K.

„Und kaum, daß die Stunde zu Ende und der Lehrer zur Thür hinaus war, kam von hinten, über die ganze Klaffe weg, ein Buch durch die Luft geflogen, dem langen K. direkt gegen den Schädel. Und als er fich wütend nach dem Angreifer umwandte, kriegte er von der anderen Seite wieder ein Buch an den Kopf, und jetzt brach ein allgemeines Geheul aus: ‚Niederfchlag! Niederfchlag!' Die ganze Klaffe fprang auf, über Tifche

und Bänke ging es über den langen K. her, und da
wurde dem langen Lümmel das fell versohlt, daß es
nur so rauchte."

Der alte Oberst lächelte grimmig befriedigt vor sich
hin und betrachtete seine Hand, die noch immer, zur
fauft geballt, auf dem Tische lag.

„Ich habe mitgeholfen," sagte er, „aber tüchtig —
ich kann's sagen."

Es war, als wenn die Hand vergessen hätte, daß sie
fünfzig Jahre älter geworden war; man sah ihr an,
indem die finger sich krampfhaft schlossen, daß sie im
Geiste noch einmal auf dem langen K. herumtrom-
melte.

„Aber wie nun Menschen von der Art einmal sind,"
erzählte er weiter, „so war natürlich dieser lange K. eine
rachsüchtige, nachtragende, heimtückische Kanaille. Am
liebsten wäre er zum Hauptmann gegangen und hätte
ihm nachträglich alles gepetzt — aber das wagte er nicht,
vor uns; dazu war er zu feige.

„Aber daß er von der ganzen Klasse Prügel bekommen hatte und daß das kleine L. daran schuld hatte,
das vergaß er dem kleinen L. nicht.

„Eines Nachmittags also war wieder freistunde,
und die Kadetten gingen auf den Höfen spazieren; die
beiden Brüder, wie immer, für sich; der lange K., Arm
in Arm mit noch zwei anderen untergefaßt.

„Um von dem Karreehof nach dem anderen Hofe,
mit den Bäumen, zu kommen, mußte man durch das
_hindurchgehen, das unter dem einen flügel des
bäudes lag, und es war eine Vorschrift, daß die

18. ꞈ
realistic.

Kadetten nicht untergefaßt hindurchgehen durften, damit der Verkehr nicht gehemmt würde.

„An dem Nachmittag will es nun das Unglück, daß
der lange K., indem er mit seinen beiden Genossen vom
5 Karreehof nach dem anderen Hofe hinüber will, im
Portal den beiden Brüdern begegnet, und daß die, in
Gedanken versunken, vergessen hatten, einander loszu-
lassen.

„Der lange K., obgleich ihn die Geschichte gar nichts
10 anging, wie er das sieht, bleibt er stehen, reißt die
Augen ganz weit auf und das Maul noch weiter und
ruft die beiden an: ‚Was soll das heißen,‘ sagte er,
‚daß ihr hier untergefaßt geht? Wollt ihr anständigen
Menschen den Weg versperren, ihr Diebsgelichter?‘“

15 Der Oberst unterbrach sich.

„Das sind nun fünfzig Jahre her,“ sagte er, „und
darüber — aber ich erinnere mich, als wäre es gestern
geschehen:

Ich ging gerade mit zwei anderen um den Karree-
20 hof und plötzlich hörten wir von dem Portal her einen
Schrei — ich kann’s gar nicht beschreiben, wie das klang
— wenn ein Tiger oder sonst ein wildes Tier aus dem
Käfig ausbricht und sich auf einen Menschen stürzt,
dann, denk’ ich, würde man so etwas zu hören be-
25 kommen.

„Es war so gräßlich, daß wir drei die Arme sinken
ließen und ganz versteinert dastanden. Und nicht bloß
wir, sondern alles, was auf dem Karreehof war, blieb
stehen, und alles wurde mit einemmale still. Und nun,
30 alles was zwei Beine zum Laufen hatte, in Karriere

nach dem Portal hin, und aus dem anderen Hofe kamen
ſie auch ſchon an, daß es ganz ſchwarz um die Eingänge
kribbelte und krabbelte.   Ich natürlich mitten darunter
— und was ſah ich da —

5   „Das kleine L. war an dem langen K. hinauf-
geklettert wie eine wilde Katze, nicht anders. Mit der
linken Hand hatte er ſich in deſſen Kragen gehängt, ſo-
daß der lange Bengel halb erſtickt war, mit der rechten
Fauſt ging das immer krach — krach — und krach dem
10 langen K. mitten ins Geſicht, wo's hintraf, daß dem
K. das Blut wie ein Waſſerfall aus der Naſe lief.

„Jetzt kam der Offizier, der den Dienſt hatte, vom
anderen Hofe, und brach ſich durch die Kadetten Bahn.

„‚L II, wollen Sie gleich loslaſſen,‘ donnerte er —
15 es war nämlich ein baumlanger Mann und hatte eine
Stimme, die man von einem Ende des Kadettenhauſes
bis zum anderen hörte, und wir hatten hölliſchen Reſpekt
vor ihm.

„Aber das kleine L. hörte nicht und ſah nicht, ſon-
20 dern arbeitete immer weiter dem langen K. ins Geſicht,
und dabei kam immer wieder der fürchterliche, gellende
Schrei, der uns allen durch Mark und Bein ging.

„Wie der Offizier das ſah, griff er ſelber zu, packte
den Jungen an beiden Schultern und riß ihn von dem
25 langen K. mit Gewalt los.

„Sobald er aber auf den Füßen ſtand, verdrehte das
kleine L. die Augen, fiel der Länge lang auf die Erde
und wälzte ſich in Zuckungen auf der Erde.

„Wir hatten ſo etwas noch nicht geſehen und
30 ſtaunten und ſahen ganz entſetzt zu.

„Der Offizier aber, der sich zu ihm niedergebeugt
hatte, richtete sich auf: ‚Der Junge hat ja die furcht-
barsten Krämpfe,‘ sagte er. ‚Vorwärts, zwei an den
Füßen anfassen,‘ er selbst hob ihn unter den Achseln
auf, ‚'rüber, ins Lazarett!‘

„Und so trugen sie das kleine L. hinüber ins Lazarett.

„Während sie ihn forttrugen, traten wir zu dem
großen L. heran, um zu erfahren, was eigentlich geschehen war, und von dem großen L. und den beiden,
die mit dem langen K. gegangen waren, hörten wir
die ganze Geschichte.

„Der lange K. stand da wie ein geprügelter Hund
und wischte sich das Blut von der Nase, und wäre das
nicht gewesen, so hätte ihm nichts geholfen, und er
hätte noch einmal mörderliche Prügel gekriegt. Jetzt
aber wandte sich alles stumm von ihm ab, niemand
sprach mehr ein Wort mit ihm: er hatte sich ‚ver-
schuftet.‘“

Die Tischplatte erdröhnte, weil der alte Oberst mit
der Faust darauf geschlagen hatte.

„Wie lange ihn die anderen im Banne gehalten
haben,“ sagte er, „weiß ich nicht. Ich habe noch ein
ganzes Jahr mit ihm in der Klasse zusammengesessen
und habe kein Wort mehr mit ihm gesprochen: wir
sind zu gleicher Zeit als Fähnriche in die Armee gekommen; ich habe ihm die Hand nicht zum Abschiede
gereicht; ich weiß nicht, ob er Offizier geworden ist;
ich habe seinen Namen in der Rangliste niemals gesucht, weiß nicht, ob er in einem der Kriege gefallen
ist, ob er noch lebt oder tot ist — für mich war er

nicht mehr da, ist er nicht mehr da — das einzige, was
mir leid thut, daß der Mensch einmal in meinem
Leben dagewesen ist und ich die Erinnerung an ihn
nicht ausreißen kann wie ein Unkraut, das man in
den Ofen schmeißt!

„Am nächsten Morgen kamen böse Neuigkeiten aus
dem Lazaret: das kleine L. lag besinnungslos im schweren Nervenfieber. Am Nachmittag wurde der ältere
Bruder herübergerufen, aber der Kleine hatte ihn nicht
mehr gekannt.

„Und abends, als wir im großen gemeinschaftlichen
Speisesaal beim Abendbrot saßen, kam ein Gerücht —
wie ein großer schwarzer Vogel, mit unhörbarem
Flügelschlag ging's durch den Saal — das kleine L. war
gestorben.

„Als wir vom Speisesaal ins Kompagnierevier zurückkamen, stand unser Hauptmann an der Thür des
Kompagniesaales; wir mußten hineintreten, und da ver-
kündete uns der Hauptmann, daß unser kleiner Kamerad,
L. II, heute abend eingeschlafen war, um nicht mehr
aufzuwachen.

„Der Hauptmann war ein sehr guter Mann — 1866
ist er als ein tapferer Held gefallen — er liebte seine
Kadetten, und als er uns seine Mitteilung machte,
mußte er sich die Thränen aus dem Bart wischen.
Dann befahl er, daß wir alle die Hände falteten;
einer mußte vortreten und laut vor allen das Vaterunser sagen —"

Der Oberst neigte das Haupt:

14. For the es in gings's cf. note page 31, line 6.

„Damals zum erstenmale," sagte er, „habe ich gefühlt,
wie schön eigentlich das Vaterunser ist.

„Und nun, am nächsten Nachmittag, ging die Thür
auf, die vom Lazarett auf den Turnplatz führte, die böse,
verhängnisvolle Thür.

„Wir mußten auf den Lazaretthof hinuntertreten,
wir sollten unseren toten Kameraden noch einmal
sehen.

„Die Schritte dröhnten und stampften, als wir hin-
übergeführt wurden; keiner sprach ein Wort; man hörte
nur ein schweres Atmen.

„Und da lag nun das kleine L., das arme kleine L.

In seinem weißen Hemdchen lag es da, die Hände
auf der Brust gefaltet, die blonden Löckchen um die
Stirn geringelt, die weiß war wie Wachs; die Backen
so eingefallen, daß das schöne, kecke Näschen ganz weit
hervorragte — und in dem Gesicht — der Ausdruck —"

Der alte Oberst schwieg, der Atem ging keuchend aus
der Brust.

„Ich bin ein alter Mann geworden," fuhr er stockend
fort — „ich habe Männer auf Schlachtfeldern liegen
sehen — Menschen, denen Not und Verzweiflung auf
dem Gesicht geschrieben stand — solches Herzeleid, wie
in dem Gesicht dieses Kindes, habe ich nie wieder ge-
sehen — niemals — nie —"

Eine lautlose Stille herrschte in der Weinstube, in
der wir saßen. Als der alte Oberst schwieg und nicht
weiter sprach, stand der Küfer leise aus seiner Ecke auf
und zündete die Gasflamme an, die über unseren
Häuptern hing; es war ganz dunkel geworden.

Ich erhob noch einmal die Weinflasche, aber sie war
beinah leer geworden — nur eine Thräne floß noch
daraus hervor — ein letzter Tropfen von dem edlen
Blut.

VOCABULARY

The asterisk (*) marks the separable prefix. Its absence shows that the prefix is inseparable. The vowels after strong verbs denote the Ablaut in the preterit and perfect participle. The genitive singular and nominative plural of nouns are indicated by the final letters.

The student is urged to look up every word that does not convey a perfectly clear meaning to him. The language of the text is very idiomatic and needs close attention, if one would really know what the author meant. This is particularly true of the expletives *es, wohl, doch, schon, ja, auch, eben, nun einmal,* which give great variety to the thought and should be understood according to their exact significance. But it is true also of any other word that leaves any doubt as to its correct meaning.

A

ab, off, from, away.

ab*binden (a, u), untie, take off.

Abend (-s, -e), m., evening; heut abend, this evening.

Abendbrot (-s, -e), m., supper.

abends, in the evening.

aber, but, however; – tausend, thousands upon thousands.

abgebunden, see abbinden.

ab*gehen (ging, gegangen), go away, depart, leave.

ab*gingen, see abgehen.

Abgrund (-es, ˣe), m., abyss.

ab*lassen (ie, a), let off, let go, desist.

ab*machen, settle, agree upon, carry out.

ab*nehmen (a, genommen), take off, receive; Appell –, command at roll call or dress parade.

Absatz (-es, ˣe), m., section, divi-

sion; in langen ˣen, with long pauses.

ab*saugen (o, o, and reg.), suck off.

Abschied (-es, -e), m., departure, farewell; zum –, in token · of farewell.

ab*schrecken, frighten away, deter.

ab*schreiben (ie, ie), copy.

ab*setzen, set down, take (a glass from one's lips).

abteilungsweise, in sections.

ab*wenden (wandte, gewandt), turn away; sich –, turn aside, avert one's face.

ab*ziehen (zog, gezogen), move away, march off, leave.

Achsel (-, -n), f., shoulder; die – or mit der – zucken, shrug one's shoulders.

acht, eight; – Tage lang, for a week.

Acht, f., attention; sich in acht

49

nehmen, look out, be on one's guard.

acht*nehmen (a, genommen), take care, be careful.

ächzen, groan, moan.

Adler (-s, -), m., eagle.

Ähnlichkeit (-, -en), f., resemblance.

Alexanderplatz (-es), m., Alexander Square.

all, all; -es, everything, everybody; -e Tage, every day.

allein, alone.

allgemein, universal, common, general(ly).

Alphabet (-s, -e), n., alphabet.

als, as, like, as if, when, than.

alsbald, presently.

also, so, therefore, hence, accordingly, then, well then, as I said.

alt, old; der Alte, old man.

Alter (-s, -), n., age.

am = an dem; (with superlatives) of all.

an, at, near, close to, against, of, by, in, on; - mir vorbei, past me, passing me; - . . . vorüber, past, by.

Andacht (-, -en), f., reverence, devotion.

ander, other, next; das -e, the other thing.

anders, otherwise.

aneinander, together.

aneinander*hangen (i, a), cling to each other.

an*fangen (i, a), begin.

an*fassen, seize, take hold, touch.

an*feuchten, moisten.

an*gehen (ging, gegangen), concern.

angenehm, agreeable.

angestrengt, intently.

anging, see angehen.

an*greifen (griff, gegriffen), assail, attack.

Angreifer (-s, -), m., assailant.

an*hängen (i, a), cling to, be attached to.

an*klagen, accuse, charge with.

an*kommen (kam, o), arrive.

an*langen, arrive.

an*legen, take aim; Hand -, lend a hand, go to work.

an*merken, notice; einem etwas -, notice something in one, be able to tell by the appearance.

an*ordnen, arrange, order, command; es war angeordnet worden, the order had been given.

Anprall (-s, "e), m., shock, violent contact.

an*rauchen, color (by smoking).

an*reden, address.

an*rennen (rannte, gerannt), run against, make an onslaught (auf, upon).

an*rufen (ie, u), call, call to, call by name, hail.

an*sah, see ansehen.

an*schließen (o, o), sich, join.

Anschluß (...sses, ..."sse), m., connection, joining.

an*sehen (a, e), look at; einem etwas -, to know by one's looks; dem man ansah, daß er - . . . sein mußte, who, it was evident, must be.

Anstalt (-, -en), f., institution.

anständig, respectable, decent.

anstrengen, sich, exert one's self, make an effort, strain every nerve.

Anftrengung (–, -en), f., exertion, effort.

an*treten (a, e), fall in line; bevor angetreten wurde, before the men fell in line, formed in ranks.

Antwort (–, -en), f., answer.

ant'worten, answer.

an*zeigen, report.

an*zünden, light, kindle.

Appell (-s, -e), m., roll call, dress parade.

Arbeit (–, -en), f., labor, work.

ar'beiten, work, belabor; hinweg –, get rid of by working.

Arbeitsftunde (–, -n), f., working hour.

arg, bad, wicked, unpleasant; die Geschichte wurde ihm zu –, this was too much for him.

arm, poor.

Arm (-s, -e), m., arm.

Armee (–, -n), f., army.

armsdick, thick as the arm.

Arreft (-es, -e), m., arrest.

Art (–, -en), f., kind, species, sort.

Aschbecher (-s, –), m., ash receiver.

Atem (-s), m., breath.

Atemzug (-es, ⁏e), m., breath.

Atmen (-s), n., breathing.

atmen, breathe.

atemlos, breathless(ly).

Atemzug (-s, ⁏e), m., breath.

auch, also, too, indeed, really; – nur, even as much as ...; – nicht, neither, not either.

auf, upon, on, into, open, up.

auf*bäumen, sich, rear, raise one's body in a violent effort.

auf*blicken, look up.

aufeinander, one on the other, together.

auf*fallen (ie, a), cause attention, be striking or conspicuous, excite notice.

auf*finden (a, u), find, discover.

auf*fordern, challenge, call on (to do), demand.

auf*gehen (ging, gegangen), rise, open, come into view.

aufgenommen, see aufnehmen.

aufgeregt, excited.

aufgeriffen, see aufreißen.

aufgeschloffen, see aufschließen.

aufgeschoffen, see aufschießen.

auf*heben (o, o), raise, lift.

auf*hören, stop, cease, be at an end.

Auflage (–, -n), f., edition.

auf*machen, open.

aufmerksam, attentive(ly); – werden auf, notice.

Aufmerksamkeit (–, -en), f., attention.

auf*nehmen (a, genommen), take up, pick up, receive.

auf*paffen, watch, lie in wait, be attentive.

auf*raffen, snatch up.

aufrecht, erect, upright, straight.

auf*regen, excite, agitate.

auf*reißen (i, i), tear open, open wide.

auf*richten, erect; sich –, straighten up, rise.

auf*rufen (ie, u), call by name, call on to recite.

auf*fäßig, hostile.

auf*schießen (o, o), shoot up; aufgeschoffen, shot up, having made quick growth.

auf*schlagen (u, a), strike upon, open (a book).

auf*schließen (o, o), unlock, open.

auf*schreiben (ie, ie), write down, note *or* put down for punishment.

auf*schreien (ie, ie), utter a scream, cry out.

auf*sehen (a, e), look up.

Aufsehen (-s, -), n., sensation, wonder.

Aufsicht (-, -en), f., supervision, surveillance.

auf*springen (a, u), jump up.

auf*stehen (stand, gestanden), rise, get up.

auf*steigen (ie, ie), ascend; als stiegen vor ihm auf, as though there were rising before him.

auf*stoßen (ie, o), strike upon, strike against, knock upon.

auf*treten (a, e), appear, step in sight.

auf*wachen, awake.

Aufwärter (-s, -), m., janitor.

auf*wirbeln, stir up, cause to rise (dust, *etc.*).

Auge (-s, -n), n., eye.

Augenblick (-s, -e), m., moment.

augenblicklich, instantly.

aus, out, out of, from, ended, finished; von ... -, from the direction of.

aus*blasen (ie, a), blow out.

ausblies, *see* ausblasen.

aus*brechen (a, o), break out, burst forth, explode.

ausbricht, *see* ausbrechen.

Ausbruch (-s, ⁔e), m., outbreak, explosion; zum - kommen, explode, find vent.

Ausdruck (-s, ⁔e), m., expression.

aus*führen, carry out.

aus*geben (a, e), give out.

aus*gehen (ging, gegangen), go out.

ausgewichen, *see* ausweichen.

aus*holen, zu einem Schlage -, draw back, raise the arm for a blow.

aus*klopfen, beat thoroughly; zum Aus*klopfen, for beating.

aus*löschen, put out, extinguish.

Ausnahme (-, -n), f., exception.

aus*pusten, (*popular*) blow out; *for* aus*löschen *or* aus*blasen.

aus*reißen (i, i), tear out.

aus*schauen, look out, look about, glance at.

aussah, *see* aussehen.

aus*sehen (a, e), look, appear.

außen, outside; nach -, outwards; von - und innen, inside and out.

außer, outside of, except.

aus*spannen, spread out, stretch out.

aus*trinken (a, u), drink out, finish drinking.

aus*wachsen (u, a), sich, be outgrown.

Ausweg (-[e]s, -e), m., way out, expedient, way of escape.

aus*weichen (i, i), evade, turn aside, dodge.

B

Backe (-, -n), f., cheek.

Bahn (-, -en), f., way, road; brechen, force one's way.

bald, soon.

ballen, clinch (one's fist).

Bank (-, ⁔e), f., bench.

Bann (-[e]s, -s), m., ban; im – halten, treat as an outlaw.
Bart (-es, ″e), m., beard.
Barthaar (-es, -e), m., hair of the beard.
basteln, busy one's self, fuss.
Bauch (-s, ″e), m., stomach.
Baum (-[e]s, ″e) m., tree.
baumlang, as long as a tree, tall.
bearbeiten, belabor.
bedächtig, cautious, deliberately.
Bedachtsamkeit, f., caution, deliberation.
bedeuten, mean, signify.
bedrücken, oppress.
befahl, see befehlen.
befehlen (a, o), command.
Befehlshaberton (-s, ″e), m., tone of command.
befragen, question.
befriedigen, satisfy, pacify.
begab, see begeben.
begann, see beginnen.
begeben (a, e), sich, occur, take place.
begegnen, meet, encounter.
beginnen (a, o), begin.
begleiten, accompany, escort.
begraben (u, a), bury.
behalten (ie, a), keep, retain.
behandeln, treat.
Behausung (-, -en), f., habitation, home, lodging.
behielt, see behalten.
bei, with, near, at, among, from, by, in, to ; – einer solchen Gemeinheit, in the presence of such an act of infamy.
beide, both, two.
beim = bei dem.
Bein (-s, -e), m., bone, leg.
beinah[e], almost.

bei*stimmen, assent.
bekam[en], see bekommen.
bekannt, known, well-known.
bekleiden, clothe.
beißen (i, i), bite.
bekommen (bekam, o), receive, get; geliefert –, get furnished; geschickt –, get sent.
bekunden, manifest, make known, give evidence, betray.
belegen, occupy (quarters, etc.), be situated.
Belegung (-, -en), f., occupation, assignment (of rooms).
beliebt, popular, favorite.
bemerken, notice, observe, remark.
Benehmen (-s), m., conduct, behavior, manner.
Bengel (-s, -), m., youngster, rough young fellow, rascal.
beraten (ie, a), take counsel.
Beratung (-, -en), f., consultation, deliberation.
bereit, ready, prepared.
Bericht (-s, -e), m., report, account.
beruhigen, calm, pacify, soothe; sich –, calm down.
Bescheid (-s, -e), m., answer; – wissen, be posted, be informed, know all about.
beschließen (o, o), determine, decide, resolve.
beschlossen, see beschließen.
beschreiben (ie, ie), describe.
besinnungslos, unconscious, insensible.
besonder, special, particular.
besorgen, attend to, take care of.
besser, better.
bestätigen, confirm; sich –, be con-

firmed, prove true; -d, in confirmation.

betrachten, contemplate, consider.

Bett (-es, -en), *n.*, bed.

beugen, sich, bow, bend.

bevor, before.

bewältigen, overcome, overpower, make away with, get the better of.

Bewegung (-, -en), *f.*, movement, motion, emotion.

bewundern, admire.

bewußt (*with genitive*), conscious (of); er war sich -, he knew very well.

biegen (o, o), bend; um die Ecke -, turn the corner.

bin, *see* sein.

bis, as far as, up to, till; - daß, until.

bischen, little bit, little.

bisher, hitherto, until now.

bist, *see* sein.

blasen (ie, a), blow.

bläulich, bluish; ins Bläuliche spielen, have a bluish tint.

bleiben (ie, ie), remain, stay; stehen -, stop, stand still; sitzen -, keep one's seat, stick, adhere; haften -, remain fixed.

Blick (-es, -e), *m.*, look, glance.

blicken, look, glance.

blieb[en], *see* bleiben.

blies, *see* blasen.

blond, blond.

bloß, merely, only.

Blut (-es), *n.*, blood.

Boden (-s, ″), *m.*, ground, floor; zu -, auf dem -, to the ground.

bogen, *see* biegen.

Bolle (-, -n), *f.*, = Zwiebel, onion

(*slang for* "fogies," *or* "disagreeables.")

Bordeaux (*pron. Bordó*), *n.*, a French city and a French wine.

böse, bad, wicked, angry, cross.

brach, *see* brechen.

brach[en] aus, *see* ausbrechen.

brachte, *see* bringen.

brachte heraus, *see* herausbringen.

brauchen, use.

braun, brown.

Bravo! (-s, -s), *n.*, good! bravo!

brechen (a, o), break, crush.

bringen (brachte, gebracht), bring, put, get.

Bruder (-s, ″), *m.*, brother.

brüderlich, brotherly.

brüllen, roar, bellow.

brummen, growl, mutter.

Brust (-, ″e), *f.*, breast.

Brusttasche (-, -n), *f.*, breast pocket.

Buch (-es, ″er), *n.*, book.

Bursch *or* Bursche (-[e]n, -[e]n), *m.*, young fellow, boy.

Bürschchen (-s, -), *n.*, lad.

bürsten, brush.

C

Censur (-, -en), *f.*, class standing, report of studies.

cher frère (*French*) = dear brother.

chikanieren, use unfair tricks.

Cigarre (-, -n), *f.*, cigar.

Cigarrenqualm (-s), *m.*, dense cigar smoke.

Cigarrenstummel (-s, -), *m.*, cigar stump.

Cigarrentasche (-, -n), *f.*, cigar case.

D

da (*adv.*), there, then; – unten, down there; (*subordinating conjunction*) since, in as much as, as; (*as an expletive*) in that case, so, in that way . . ., under the circumstances . . . (*when a new statement follows a previous one without any other word to make a connection.*)

dabei, at it, near it, with it, there, in that, in so doing, at the same time.

Dach (-[e]s, "er), *n.*, roof.

dachte, dächte, *see* denken.

dadurch, thereby, by this.

dafür, in place of it, for it, as a reward; nichts – können, not to be to blame; er kann nichts –, it is not his fault.

dagegen, against that, on the other hand.

da*gewesen, *see* dasein.

dahin, away, that way; bis –, until then.

dahinstrich, *see* dahinstreichen.

dahin*streichen (i, i), sweep, skim along.

damals, at that time.

damit, so that.

Damm (-es, "e), *m.*, dam.

dampfen, steam, emit clouds of smoke.

Dampfwolke (–, -n), *f.*, cloud of smoke.

danke, thank you.

dann, then, at that time.

daran, thereof, of it, of that, at it, to it, on them.

daran*kommen (kam, o), to have one's turn.

darauf, upon it, on them, of it, to it, by it, afterward.

daraufhin, in regard to this; – ... ob, as to whether.

daraus, out of it; – hervor, out from it.

darf, *see* dürfen.

darin, in it, therein, in there.

darüber, over it, more, about it, upon it, in it.

darum, therefore.

darunter, under it, under them, among them; drunter und drüber, in disorder, topsy-turvy.

das, the, that, which, he, they, those.

da*sein (bin, war, gewesen), be there, exist; ist schon dagewesen, has happened before, is an old story.

daß, that, in order that, so that.

dastanden, *see* dastehen.

da*stehen (stand, gestanden), stand there.

dauern, last, continue.

davon, of it, of that, from them, off from it, away.

dazu, for it, to it, for that, for them, in regard to it; – gehört ein gemeiner Kerl, it takes a low fellow to do that; und – kamen dann noch, and then in addition to these there were.

dein, your.

dem, to the, whom, that.

demnächst, next, soon, thereafter.

den, the, this one, this man, whom, which, that.

denn, for.

denen, (to) whom, those.

denken (dachte, gedacht), think, consider, imagine, believe; wer denkt
denn an so etwas? who would
think such a thing?

der, the, he, who, which, that.

derer, of them, of those.

dessen, of him, of the latter, of
this, his, whose, of whom.

dichten, compose, invent.

dick, thick, heavy, stout, great;
der Dicke, the stout one.

Diebsgelichter (-s, –), n., gallow's
bird, set of thieves.

dichten, make verses, write poetry,
be a poet.

die, the, she, they, who, those.

Diener (-s, –), m., servant.

Dienst (-es, -e), m., service, command; außer -en, retired; zu
-en, at the service (of).

diensthabend, on duty; -e Offizier,
officer of the day.

diesmal, this time.

dies-er,-e,-es, this, this one, the latter.

diktieren, dictate.

Ding (-s, -e), n., thing, object,
affair.

direkt, directly.

doch, (adv.) yet, but, after all,
though, however, do, please, I
beg of you; beruhige dich –, do
calm yourself; (as an expletive
in implied questions when the position of the verb is not changed)
I suppose, don't you, surely, of
course; Sie wissen –, You know,
I suppose; You know, don't you?
– nicht etwa gar? surely it could
not be.

donnern, thunder.

Donnerwetter (-s, –), n., thunder-
storm; ein – auf den Hals krie=
gen, catch a terrible scolding,
catch it.

dort, there, yonder (more specific
than da).

dran = daran.

drankam, see darankommen.

drängen, crowd; sich um einen –,
crowd close up to one.

draußen, outside, without, out; da –,
out there.

drei, -e, three; zu -en, by threes.

drein = darein; kam hinter ihm
– gelaufen, came running close
behind him; hinter einem –
schreien, call after one; follow
with cries.

Drillichjacke (–, -n), f., cotton jacket.

Drillich=Turnjacke (–, -n), f., cotton gymnasium jacket.

drin, see darin.

dritt, third.

drohen, threaten; -d, threateningly.

dröhnen, resound.

drüber = darüber.

drücken, press.

drunter = darunter.

du, you.

duftig, fragrant.

dumpf, dull.

dunkel, dark, obscure.

durch, through, by.

durch*prügeln, beat thoroughly,
give a thorough whipping.

dürfen (a, durfte, gedurft), be al-
lowed; ich darf, I may; man
darf nicht, one must not; sie
durften nicht, they must not.

dürftig, scant, poor.

durstig, thirsty.

C

eben, level, just, just so, precisely; zu -er Erde, on the ground floor.

Ecke (-, -n), f., corner.

edel, noble.

egal, alike; ganz -, all the same; kamen - fort, made equal progress.

ehemalig, former.

eher, sooner, rather, preferably.

ehrlich, honest.

ehrlicherweise, honestly, with integrity.

Ei (-es, -er), n., egg.

eifrig, eagerly.

eigen, own, of his own.

eigentlich, really, properly speaking; nun -, to tell the real truth.

Eigenschaft (-, -en), f., quality, peculiarity.

ein, -e, one, a, an.

einander, one another, each other.

Eindruck (-s, "e), m., impression.

eineinhalb, one and a half.

einemmal, mit, all at once, all of a sudden.

ein*fallen (fiel, a), occur, strike.

Eingang (-s, "e), m., entrance.

eingefallen, sunken.

eingeständе, eingestanden, see eingestehen.

ein*gestehen (gestand, gestanden), confess, own up.

ein*greifen (griff, gegriffen), take part, pitch in.

ein*halten (ie, a), follow; eine Richtung -, follow a direction, proceed in a certain direction.

einige, some.

einmal, once; noch -, once more; see nun.

ein*rücken, move in.

eins, one, one o'clock; - trinken, take a drink.

einsam, lonely, alone, by one's self.

Einsamkeit, f., solitude.

ein*schenken, pour out (wine), fill a glass.

ein*schlafen (ie, a), fall asleep.

ein*schlürfen, sip in.

ein*sehen (a, e), understand, see.

einstig, former, at a former time.

ein*stoßen (ie, o), knock in.

ein*treten (a, e), enter, occur, ensue.

einzig, only, sole, unique; das -e, the only thing.

Eisenbahn (-, -en), f., railroad.

elastisch, elastic.

elend, miserable, wretched.

elektrisch, electrical.

Elektrisiermaschine (-, -n), f., electrical apparatus.

empor, up, upward, aloft.

empor*heben (o, o), lift, raise.

Ende (-, -n), n., end; zu -, at an end; zu dem -, for this purpose; zu - brummen, finish growling.

endlich, at last, finally, at length.

energisch, energetic.

Entfernung (-, -en), f., distance.

entgegen*langweilen, sich, be bored while waiting for, look forward to with weariness.

enthalten (ie, a), contain.

enthielt, see enthalten.

entlang, along, alongside.

entlang*gehen (ging, gegangen), go along.

entscheiden (ie, ie), decide; es hatte

fich entſchieden, a decision had been reached, the matter had been decided.

entſchieden, decidedly; *see* entſcheiden.

entſchwanden, *see* entſchwinden.

entſchwinden (a, u), disappear, vanish

entſetzt, horrified.

entſtand, *see* entſtehen.

entſtehen (entſtand, entſtanden), arise, take place.

entzückt, delighted, enraptured.

er, he, it.

Erde (-, -en), *f.*, earth, ground; zu ebener -, on the ground floor.

erdröhnen, resound, reëcho, ring.

Ereignis (...ſſes, ...ſſe), *n.*, event.

erfahren (u, a), find out, learn, experience.

erforſchen, search out, discover.

erführe, *see* erfahren.

ergehen (erging, ergangen), ſich, promenade, take an airing, indulge in.

erging, *see* ergehen.

ergreifen (ergriff, ergriffen), grasp, take hold.

ergriff[en], moved.

erheben (o, o), ſich, get up, rise.

erhob, *see* erheben.

erinnern, ſich, remember.

Erinnerung (-, -en), *f.*, remembrance, memory.

erkannt, *see* erkennen.

erkennen (erkannte, erkannt), recognize.

erklären, explain, declare.

erlauben, permit, allow.

Erlaubnis, *f.*, permission.

erleichtern, lighten, relieve, assuage.

Erleichterung (-, -en), *f.*, relief.

ernannt, *see* ernennen.

ernennen (ernannte, ernannt), appoint.

erneuen, renew, make new.

ernſt, serious, earnest.

erregen, excite, stir up, cause, be a cause of, create.

erreichen, reach, attain, obtain.

erſcheinen (ie, ie), appear.

erſt, first; - recht, now more than ever; jetzt - recht keinen . . ., now less than ever any . . .

erſtenmal, zum, for the first time.

erſticken, suffocate, smother.

erwidern, reply, answer, rejoin.

erzählen, relate, tell.

Erzähler (-s, -), *m.*, narrator.

Erzählung (-, -en), *f.*, tale, story.

es, it; *frequently* = they; (*indefinite*) some one, a something; (*as an introductory expletive*) = there (*it introduces the finite verb which then precedes its subject*); (*as an indefinite subject*) - kam aus allen Stuben, they were coming (there was a coming) from all the rooms; - hatte ſich entſchieden, a decision had been reached; (*frequently the grammatical subject of a passive*) - wurde getrommelt, the drum was beaten; - wurde angetreten, the men fell in line.

etwa, perhaps.

etwas, something, anything, somewhat, some; ſo -, anything like that, such a thing; - anderes, a different matter.

Examen (-s, Examina), n., examination.
examinieren, examine.
Exekution (-, -en), f., execution.
Exempel (-s, -), n., example.
exerzieren, drill; da wurde exerziert, there the drills were held.
Experiment (-s, -e), n., experiment.
Extemporalien, pl., extemporary
exercises.

F

Fähnrich (-s, -e), m., ensign.
Fähnrich=Examen (-s, ... mina), n.,
examination for ensign.
fahren (u, a), ride, take a ride;
– lassen, let go, abandon.
fallen (ie, a), fall; – lassen, let fall;
drop.
falls, in case.
falten, fold, clasp, join.
Familie (-, -n), f., family.
famos' (colloquial), first-class, fine,
tip-top; -er Bengel, capital fellow.
fand, see finden.
fanden zusammen, see zusammen=
finden.
fangen (i, a), catch, capture, im-
prison; gefangen halten, hold
prisoner.
fassen, seize, grasp.
faul, lazy, unsavory (slang).
Faust (-, ˮe), f., fist.
Faustschlag (-es, ˮe), m., blow with
the fist.
feig[e], cowardly.
fein, fine, elegant; ein -er Mann,
a fine gentleman.
Feind (-es, -e), m., enemy.

Feld (-es, -er), n., field.
Fell (-s, -e), n., hide, skin.
Fenster (-s, -), n., window.
Fensterbrett (-s, -er), n., window
sill.
Ferne (-, -n), f., distance.
fesseln, felter, rivet.
fest, firm, firmly.
fest*halten (ie, a), hold fast, hold
firmly.
fest*stellen, establish, ascertain,
settle.
fidel', merry, jolly (colloquial).
fiel auf, see auffallen.
fiel ein, see einfallen.
finden (a, u), find.
fing, see fangen.
fing an, see anfangen.
Finger (-s, -), m., finger; lange –
machen, pilfer, steal.
flach, flat, open; die -e Hand, the
palm of the hand.
Fläche (-, -n), f., plain, surface.
Flanke (-, -n), f., flank, side.
Flasche (-, -n), f., bottle.
Fläschchen (-s, -), n., flask, small
bottle.
flattern, flutter.
fliegen (o, o), fly, twitch violently,
shake; kam geflogen, came flying.
fließen (o, o), flow.
flog, see fliegen.
floß, see fließen.
floß hervor, see hervorfließen.
fluchen, curse, swear.
Flügel (-s, -), m., wing.
Flügelschlag (-s, ˮe), m., beating
of a wing.
Flur (-, -en), f., hall (where the
stairway starts or lands), floor.
Fluß (...sses, ...ˮsse), m., river.

flüftern, whisper.

flüftern (-s), n., whispering.

flut (-, -en), f., flood.

folge (-, -en), f., consequence.

folgen, follow.

förmlich, outright, just, fairly.

fort, away, gone.

fort*fahren (u, a), continue.

fort*fommen (fam, o), get along, make progress.

fort*müffen (mußte, gemußt), have to go, die.

fort*fchiden, send away.

fort*fchluchzen, continue to sob, keep sobbing.

fort*feßen, continue.

fort*fpedieren, dispatch, dispose of, send away.

fort*tragen (u, a), carry off, carry away.

forttrug[en], see forttragen.

frage (-, -n), f., question.

fragen, ask.

frei, free, open.

freiheit (-, -en), f., freedom.

freiftunde (-, -n), f., recess.

freffen (a, e), eat; fich den Tod in den Leib -, catch their death by devouring.

freuen, rejoice; fich - (auf), enjoy in anticipation, look forward to with pleasure.

freund (-es, -e), m., friend; gut - fein, be on friendly terms.

freundlich, pleasant(ly), friendly.

friedrichftraße, f., a prominent street in Berlin.

früh, early.

früher, before.

frühling (-s, -e), m., spring.

fuchswild, furious, hopping mad.

fühlen, feel.

fuhr, see fahren.

fuhr fort, see fortfahren.

führen, lead, conduct; die Auf=ficht -, have charge of, supervise.

füllen, fill; fich -, be filled.

fünf, five.

fünfzig, fifty.

für, for, in place of; - gewöhnlich, ordinarily; - fich, by themselves.

furchtbar, terrible, terribly, fearful.

fürchterlich, frightful(ly).

fuß (-es, "e), m., foot.

G

gab, see geben.

galt, see gelten.

Gang (-[e]s, "e), m., gait, passage, walk, course.

ganz, wholly, all, quite, entire(ly), altogether, most; - und gar nicht, by no manner of means, not at all.

gar, at all; - nicht, not at all; doch nicht etwa -, see doch).

Gartenanlagen, f., pl., ornamental grounds.

Gasflamme (-, -n), f., gas-jet.

Gaft (-es, "e), m., guest,

Gebahren (-s), n., behavior, manner.

geben (a, e), give; es giebt, there is, there are; fich -, be settled, blow over.

gebiffen, see beißen.

geblieben, see bleiben.

gebracht, see bringen.

gebrauchen, use, employ.

gebrochen, see brechen.

Gedanke (-ns, -n) *or* Gedanken (-s, -), *m.*, thought.

Gefangene (-n, -n), *m.*, prisoner.

geflogen, *see* fliegen.

Geflüster (-s), *n.*, whispering.

Gefühl (-s, -e), *n.*, feeling, sensation.

gefunden, *see* finden.

gegangen, *see* gehen.

gegen, toward, against.

Gegenstand (-s, ⁺e), *m.*, object.

gegenüber*stehen (stand, gestanden), sich, stand opposed.

Gegenteil (-s, -e), *n.*, opposite; im -, on the contrary.

Gegner (-s, -), *m.*, opponent.

gehen (ging, gegangen), go, walk; einem zu Leibe -, attack one.

Geheimnis (...sses, ...sse), *n.*, secret.

geheimnisvoll, mysterious; was Geheimnisvolles, what strange thing.

Geheul (-s), *n.*, howling, howl.

gehoben, *see* heben.

geholfen, *see* helfen.

gehören, belong; dazu gehört, it takes, it requires; sich -, to be proper.

gehörig, properly, thoroughly; auch ganz -, and quite seriously too.

Geist (-es, -er), *m.*, spirit.

Geistesgegenwart, *f.*, presence of mind.

gekannt, *see* kennen.

Gelächter (-s), *n.*, laughter.

Geld (-es, -er), *n.*, money.

gelegen, situated.

Gelegenheit (-, -en), *f.*, opportunity, occasion.

gellend, shrill, resounding.

gelockt, curled, curly.

gelten (a, o), pass for, be worth, be valid; - als, - für, be counted as, be considered as.

gemein, common, vulgar, low, mean.

gemeinschaftlich, common, in common.

Gemeinheit (-, -en), *f.*, meanness, deed of infamy, depravity.

gemeinschaftlich, common.

gemütlich, comfortable, cosy, pleasant.

genau, exact, precise, closely.

genommen, *see* nehmen.

Genosse (-n, -n), *m.*, comrade.

genug, enough.

genügend, sufficient.

gerade, just, right, straight, exact(ly), precisely, wo er - fand, wherever he happened to find.

geradezu', outright, out and out, without ceremony.

Gerätschaften, *f.*, *pl.*, utensils, tools, things, apparatus.

Gericht (-s, -e), *n.*, court (of law), dish.

gering, insignificant, slight.

geringelt, curled.

geringschätzig, depreciating, slightingly.

gern, willingly, with pleasure; - gehen, like to go.

Gerücht (-[e]s, -e), *n.*, rumor.

geschah, *see* geschehen.

geschehen (a, e), happen.

Geschichte (-, -n), *f.*, history, story, affair, matter, thing.

geschlossen, *see* schließen.

geschlungen, *see* schlingen.

geschmissen, *see* schmeißen.

geschrieben, *see* schreiben.

Gesellschaft (-, -en), *f.*, company.

Geſicht (-[e]s, -er), n., face.

Geſichtchen (-s, -), n., little face.

Geſinnung (-, -en), f., opinion, feeling, sentiment, disposition.

geſprochen, see ſprechen.

Geſtalt (-, -en), f., form, shape.

geſtand ein, see eingeſtehen.

geſtern, yesterday.

geſtorben, see ſterben.

gethan, see thun.

getrauen, trust; ſich – (an), venture to approach.

getrunken, see trinken.

Gewalt (-, -en), f., power, force; mit –, by main strength.

geweſen, see ſein.

gewiß, certain(ly).

gewöhnlich, ordinary, common, habitual, customary; für –, as a usual thing.

Gewölk (-s), n., mass of clouds.

geworden, see werden.

gewußt, see wiſſen.

giebt, see geben.

gießen (o, o), pour out.

Giftkraut (-s, "er), n., poisonous weed.

ging[en], see gehen.

ging auf, see aufgehen.

ging entlang, see entlanggehen.

ging her, see hergehen.

ging herüber, see herübergehen.

ging hinaus, see hinausgehen.

ging hinüber, see hinübergehen.

ging los, see losgehen.

Glas (-es, "er), n., glass; nicht in Gläſern (einzelnen Gläſern), not by the glass, i. e. only by the bottle.

gleich, equal, same; ſich – ſehen, look alike; – Große, those of their own size; = ſogleich, immediately, at once; zu -er Zeit, at the same time.

gleichfalls, equally, also.

gleichgültig, indifferent, immaterial, a matter of indifference.

gleich*ſtellen, ſich, put one's self on a par, assume the same rank, become equalized.

Glied (-es, -er), n., member, limb.

glitzern, glitter, gleam, shine.

Glück (-s), n., good luck, fortune, happiness; er hatte kein –, he did not succeed.

glühen, glow.

goldgelb, golden yellow.

goß, see gießen.

grämlich, peevish.

Gras (-es, "er), n., grass.

gräßlich, horrible.

grau, gray.

greifen (griff, gegriffen), grasp, clutch.

greulich, grewsome, horrible.

griff ein, see eingreifen.

griff zu, see zugreifen.

grimmig, grim(ly), fierce(ly).

Grinſen (-s), n., leer.

grob, rude, rough, insulting.

grollen, feel hard toward, bear a grudge; -d, with indignation.

Groſchen (-s, -), m., the tenth part of a Mark = 10 Pfennige = about 2½ cents.

groß, large, big, tall.

Grund (-es, "e), m., ground; im -e, at bottom, in reality, essentially.

grunzen, grunt.

Gruppe (-, -n), f., group.

grüßen, greet; -d, in salutation.

gurgeln, gurgle, utter inarticulate sounds.

Gunst, f., favor.

gut, good, well.

gutmütig, good-natured, good-humored.

H

Haar (-es, -e), n., hair.

haben (hatte, gehabt), have.

haften, stick, be fixed; – bleiben, remain fixed.

halb, half.

halblaut, in a whisper, in an undertone; es wurde nur – gesprochen, no one spoke above a whisper.

half, see helfen.

Hallo (-s, -s), n., hello; es entstand ein großes –, there was a great uproar.

Hals (-es, "e), m., neck, throat.

halten (ie, a), hold, keep.

Hand (–, "e), f., hand; mit – anlegen, to lend a hand, assist.

Handfläche (–, -en), f., palm of the hand.

hängen (i, a) = hangen, hang; sich – an, attach one's self to.

hart, hard, tough; was Hartes = etwas Hartes, something hard.

häßlich, ugly, ill-looking.

Hast, f., haste, hurry.

hastig, hastily.

hat, hatte, hätte[n], see haben.

hatte weg, see weghaben.

hauen (hieb, au), sich, fight.

Haupt (-es, "er), n., head.

Hauptgebäude (-es, -), n., main building.

Hauptmann (-[e]s, . . . leute), m., captain.

Hauptturnplatz (-es, "e), m., main gymnastic ground.

Haus (-es, "er), n., house; nach -e, home, to their homes.

heben (o, o), lift, raise.

Hecht (-es,-e), m., pike, hard student, grind (student's slang).

heimtückisch, perfidious.

heißen (ie, ie), be called, have as a name, be one's name; das heißt, that means, that is; was soll das – ? what does that mean? es hieß, it was said, there was a rumor; er heißt, his name is; hieß es, was the word.

Held (-en, -en), m., hero.

helfen (a, o), help; es half ihm nichts weiter, he derived no further benefit from it; nun war nicht mehr zu –, there was now no longer any help for it.

Helm (-s, -e), m., helmet.

Hemdchen (-s, –), n., little shirt.

hemmen, check, impede.

her, hither, since, ago; hinter einem –, close behind one.

heran, on.

heran*kommen (kam, o), come on, come near, approach; – an, get at.

heran*treten (a, e) an, step up to.

heraus, out of, from, forth from.

heraus*bringen (brachte, gebracht), bring out, get out, utter.

herauskäme, see herauskommen.

heraus*kommen (kam, o), come out.

heraus*lassen (ie, a), let out.

heraus*nehmen (a, genommen), take out.

heraus*spritzen, spurt out, gush forth.

herausnimmt, see herausnehmen.

herbei*holen, go and get, bring here.

herein, in, into; kann mit 'rein, can come in too; Herein! come in!

hereingenommen, see hereinnehmen.

herein*kommen (kam, o), come in.

herein*nehmen (a, genommen), take in.

her*gehen (ging, gegangen), über, pitch into; es ging über ihn her, an onslaught was made on him.

her*kommen (kam, o), come.

Herr (-en, -en), m., Mr.

her*rufen (ie, u), call, summon.

herrschen, reign, prevail.

her*stellen, establish, restore.

herüber, over.

herüber*knallen, sound over; daß es herüberknallte, that the sharp sound reached across to.

herüber*rollen, roll over.

herüber*rufen (ie, u), call over.

herum, about, around.

herum*schleppen, drag about.

herum*trommeln, be drumming upon.

herum*zeigen, show about, show around.

herunter, down.

herunter*kommen (kam, o), come down.

herunter*laufen (ie, au), run down.

herunter*treten (a, e), come down, descend.

hervor*fließen (o, o), flow forth.

hervorgeschossen, see hervorschießen.

hervor*glühen, glow forth, send forth a glow.

hervor*ragen, project.

hervor*schießen (a, o), shoot forth, rush headlong; hervorgeschossen kommen, come on with a rush.

hervorgeschossen, see hervorschießen.

herunter*schlucken, gulp down.

Herzeleid (-s), n., heartbreaking sorrow, intense grief.

heut, -e, today; –abend, this evening.

Hieb (-es, -e), m., blow.

hielt, see halten.

hielt fest, see festhalten.

hier, here.

hieß[en], see heißen.

Himmel (-s, –), m., heaven, sky.

hin, that way, away (from the speaker), thither, there; nach... –, toward...; vor sich –, to himself.

hinauf*klettern, climb up.

hinauf*reichen, reach up.

hinaus, out; zu... –, out of...

hinaus*beugen, sich, lean out.

hinaus*blicken, look out.

hinaus*deuten, point toward the outside.

hinaus*gehen (ging, gegangen), go out.

hinaus*richten, direct outward.

hinaus*schicken, send out.

hinaus*tragen (u, a), carry out.

hin*deuten, point that way, point to it.

hindurch, through, through in that direction.

hindurch*gehen (ging, gegangen), go through.

hinein, in; in sich –, to himself.

hinein*gehen (ging, gegangen), go in.

hinein*legen, place *or* put into.

hinein*fehen (a, e), look into.

hinein*treten (a, e), enter, go in.

hing[en], *see* hängen.

hingen aneinander, *see* aneinander=
hängen.

hin*halten (ie, a), hold out to, offer.

hin*rollen, roll toward.

hin*fehen (a, e), look away.

hinten, behind; von –, from the
rear.

hintenftehend, standing behind; die
Hintenftehenden, those in the
rear.

hinter, behind, back; -ft, hindmost,
back.

hinterdrein, behind.

Hintergrund (-es, ⁺e), m., back-
ground.

hinterher, behind.

hintraf, *see* hintreffen.

hin*treffen (traf, o), happen to hit.

hinüber, over there, across, over to.

hinüber*führen, lead over.

hinüber*gehen (ging, gegangen), go
over.

hinüber*rufen (ie, u), cry across,
call over, hail.

hinüber*tragen (u, a), carry over.

hinunter, downward, down.

hinunter*fchlucken, gulp down, swallow.

hinunter*treten (a, e), come down.

hinweg, away.

hob, *see* heben.

hob auf, *see* aufheben.

hob empor, *see* emporheben.

hoch, high.

Hof (-es, ⁺e), m., court.

höhnifch, mocking(ly).

höllifch, infernal, awful.

hören, hear.

Hofe (–, -n), f., breeches, trousers.

Hofentafche (–, -n), f., breeches'
pocket.

hülfsbereit, obliging, ready to help.

Hund (-es, -e), m., dog.

Hundeangft, f., dreadful fear, panic.

Hut (-es, ⁺e), m., hat.

J

ich, I.

ihm, (to) him, from him, for him.

ihn, him.

ihnen, them.

Ihnen, you.

ihr, her, its, their, your.

im = in dem.

immer, always, ever; noch – wei=
ter, further and further; – noch,
noch –, still; = immerhin, any-
how.

immerfort, continuously, forever.

immerzu, on and on, forward.

imftande, able.

in, in, into.

indem, while, as.

ineinander, together.

Infanterieregiment (-s, -er), n.,
infantry regiment.

Inhalt (-s, -e), m., contents.

innen, within.

inner, inward, inner.

ins = in das.

Inftinkt (-s, -e), m., instinct.

Intereffe (-s, -n), m., interest.

inzwifchen, between times, mean-
time.

irgend, some, any; – einer, some
one or other; – etwas, something.

ift, *see* fein.

J

ja, yes; you know, we know, it is well known; (*used as an expletive*) das kennt man –, but that is an old story, but then it is well known; ist (= das ist) – Unsinn, you know, *or* we all know that is nonsense.

Jacke (–, -en), *f.*, jacket.

Jahr (-s, -e), *n.*, year.

Janowitzbrücke, *f.*, Janowitz Bridge.

je, ever.

jedenfalls, at any rate.

jeder, every, each, every one; und –, each and every one.

jedermann, everybody.

jedesmal, every time.

jeher, von –, always, from the beginning.

jemand, some one, any one; nie –, no one ever.

jener, that, that one, the former, he.

jenseits (*with genitive*), beyond, on the other side of.

jetzt, now, at present.

jung, young.

Junge (-n, -n), *m.*, boy, youngster, lad.

K

Kadett (-en, -en), *m.*, cadet.

Kadettenhaus (-es, ˝er), *n.*, school of cadets.

Kadettenkorps, *n.*, corps of cadets.

Käfig (-s, -e), *m.*, cage.

Kalk (-s), *m.*, lime; wie der – an der Wand, like a whitewashed wall.

kam[en], käme, see kommen.

kamen an, *see* ankommen.

kamen fort, *see* fortkommen.

kam her, *see* herkommen.

kam heran, *see* herankommen.

kam vor, *see* vorkommen.

kam wieder, *see* wiederkommen.

kam[en] zurück, *see* zurückkommen.

Kamerad (-en, -en), *m.*, comrade.

kämpfen, fight, struggle.

Kämpfer (-s, –), *m.*, fighter.

Kanaille (canālyē) (–,-n),*f.* (*French*), canaille, scoundrel, villain.

kann, *see* können.

kannte, *see* kennen.

Karre (–, -en), *f.*, cart; dann ging die –, *etc.*, the cart (= routine) went on as usual.

Karrée (-s, -s), *n.*, (*French, carré*), square.

Karréehof (-s, ˝e), *m.*, name of courtyard.

Karrière (–, -n), *f.*, (*French, carrière*), career, full tilt.

Kasten (-s, ˝), *m.*, box, square, plain house.

Katze (–, -n), *f.*, cat.

kaum, scarcely.

keck, forward, bold, enterprising.

kein, no, not a, none; -er, no one, none; verwandte – Auge, never turned his eyes.

kennen (kannte, gekannt), know, be acquainted with; aber das kennt man ja, but we all know what that amounts to; – lernen, become acquainted with, learn to know.

Kerl (-s, -e), *m.*, fellow (*generally as a term of contempt*).

Kette (–, -n), *f.*, chain.

keuchen, pant.

Kind (-es, -er), n., child.

Kinnbacke (-, -n), f., jaw.

klang, see klingen.

klappen, slam, make a noise.

Klasse (-, -n), f., class, recitation, recitation room.

Kleid (-es, -er), n., garment; pl., clothes.

Kleiderbürste (-, -n), f., clothes-brush.

Kleidung (-, -en), f., dress, clothing.

klein, little, small; die Kleineren, the smaller ones.

Klettergerüste (-s, -), n., scaffold for climbing exercises.

klettern, climb.

klingen (a, u), ring, sound, resound.

klopfen, knock, beat, pat.

knallen, crash, echo.

Knäuel (-s, -), m., knot, dense crowd.

knipsen, snap (the fingers).

Knopf (-es, "e), m., button.

Kobold (-s, -e), m., hobgoblin.

Koffer (-s, -), m., box, chest.

Kolonie (-, -n), f., colony.

kolossal, enormously, extremely.

komisch, funny, odd, peculiar.

Kommando (-s, -s), n., command.

kommen (kam, o), come, get; – zu, get to, reach; zu sich –, come to one's self, recover; so kam es, so it happened; (es) kam von hinten, there came from the rear.

Kommißbrot (-es, -e), n., commissary bread, military bread.

Kommißkoppel (-, -n), f., government sword belt.

Kompagnie (pron. Kom-pa-ni') (-, -n), f., company.

Kompagnierevier' (-s, -e), n., company quarters.

Kompagniesaal (-s, ...säle), m., company hall.

König (-s, -e), m., king.

können (kann, konnte, gekonnt), be able, can; kann nichts dafür, can't help it.

konnte, see können.

Kopf (-es, "e), m., head.

Koppel (-, -n), f., sword belt.

Körper (-s, -), n., body.

Korps (pron. Kohr; in the genitive the final s is pronounced), n., corps (military).

köstlich, precious, delightful, delicious.

krabbeln, (popular) sprawl, crawl, swarm like ants.

krach, crash.

krachen, crack, crash, resound, groan.

Kragen (-s, -), m., collar.

krähen, crow.

Krampf (-es, "e), m., convulsion, fit.

krampfhaft, spasmodic(ally).

Kreis (-es, -e), m., circle.

kribbeln, (popular) swarm.

Krieg (-es, -e), m., war.

kriegen = bekommen, (popular) get, obtain, catch; sich – lassen, let one's self be caught.

Kröte (-, -n), f., toad.

Küfer (-s, -), m., butler.

kuschen, sich, (French, se coucher), lie still (said to dogs), be very humble (popular and slang).

lachen, laugh.

Lachen (-s), n., laugh.

lächeln, smile.

Lächeln (-s), n., smile.

lackieren, lacquer.

lag[en], *see* liegen.

Lampe (-, -n), f., lamp.

lang, (*adj.*) long, tall; (*prep. placed after the noun*) for; eine Stunde -, for an hour; eine Zeit -, for a while.

lange, long, for a long time.

Länge (-, -n), f., length; der - lang *or* nach, lengthwise, at full length.

langsam, slow(ly).

langweilen, sich, be bored.

las, *see* lesen.

lassen (ie, a), let, allow, leave; sich helfen -, to get one's self assisted, helped; machen -, have made; *see* liegen.

lateinisch, Latin.

Laterne (-, -n), f., lantern.

Laternenkandelaber (-s, -), m., lamp-post.

Lauf (-es, ˮe), m., course.

laufen (ie, au), run; zum Laufen, for running.

Laune (-, -n), f., humor, caprice; bei guter -, in good humor.

laut, loud(ly).

Laut (-es, -e), m., sound.

lautlos, without a word, noiselessly.

Lazarett (-s, -e), m., military hospital.

Lazaretthof (-s, ˮe), m., hospital courtyard.

leben, live.

Leben (-s, -), n., life.

leben'dig, alive.

Lebenskraft (-, ˮe), f., power, strength, might.

Leder (-s, -), n., leather.

leer, empty, vacant; - geworden, emptied.

Lehrer (-s, -), m., teacher.

Leib (-[e]s, -er), m., body; zu -e gehen, attack.

Leibeskraft (-, ˮe), f., physical strength; mit allen ˮen, with all his might.

leichenblaß, deadly pale.

leicht, easily.

Leid (-[e]s -en), n., sorrow, pain, grief.

leiden (litt, gelitten), suffer, tolerate, endure, permit; nicht - können, dislike.

leid thun (that, a), hurt; that ihm das um seinen Bruder -, he was sorry for his brother on account of it.

leise, softly, in a low voice, quietly.

leisten, perform; sich etwas -, do *or* allow to one's self, indulge in something, afford the expenses of; Gesellschaft -, accompany.

leiten, lead, send.

lernen, learn.

lesen (a, e), read.

letzt, last.

letztenmal, zum, for the last time.

Leute, *pl.,* people.

Licht (-es, -er), n., light, candle.

Lichterfelde, a place near Berlin.

lieb, dear, agreeable; es ist mir -, it is agreeable to me, I like; es ist mir -er, I prefer.

Liebe~f., love.
lieben, love.
liebevoll, affectionate, loving.
Liebling (-s, -e), m., pet, favorite.
liebst, (*superlative of* gern); am -en, most to one's taste, best of all, with the most pleasure; am -en wäre er gegangen, he would have liked most of all to go.
lief[en], *see* laufen.
lief herunter, *see* herunterlaufen.
liefern, furnish; geliefert bekommen, get furnished.
liegen (a, e), lie, be situated.
ließ[en], *see* lassen.
ließ heraus, *see* herauslassen.
link, left.
links, to the left, on the left; − liegen lassen, ignore, take no notice of, leave out in the cold.
litt, *see* leiden.
Lieutenant (-s, -s), m., lieutenant.
Loch (-es, "er), n., hole.
Löckchen (-s, −), n., little curl.
locken, sich, curl.
lodern, blaze.
los, off; − sein, be the matter, amount to.
los*gehen (ging, gegangen), start, commence; nun ging die Sache los, now the fight began.
los*heulen, set up a howl, begin to scream.
los*lassen (ie, a), let go.
losließen, *see* loslassen.
Luft (−, "e), f., air.
Lümmel (-s, −), m., lubber, gawk, scalawag.
Lumperei (−, -en), f., trifle, bagatelle.

M

machen, make, do.
mag, *see* mögen.
Magen (-s, −), m., stomach.
mager, lean; der Magere, the lean fellow.
Major (-s, -e), m., major.
Mal (-s, -e), n., time.
'mal = ein'mal.
mal'propper (*popular for* unordentlich, nachläßig), untidy; (*from the French* malpropre).
man, one, a person, people; − sagt, people say = it is said.
manch, many.
mancherlei, of various kinds, different sorts of, many things.
manchmal, occasionally, sometimes.
Mann (-es, "er), m., man.
Manöver (-s, −), n., maneuver.
Mappe (−, -n), f., student's satchel.
Mark (-s), n., marrow.
Marke (−, -n), f., brand (of wines, etc.).
Maschine (−, -n), f., machine.
Masse (−, -n), f., mass, quantity, lot.
Mathematik, f., mathematics.
Maul (-s, "er), n., mouth of an animal; (*familiarly*) a human mouth; das große − haben, be the first, be the loudest, have his say.
mechanisch, mechanical(ly).
meckern, bleat.
Meerschaumspitze (−, -n), f., meerschaum cigar-holder.
mehr, more, longer.
mein (-e, −), my.
Meinung (−, -en), f., opinion.

Mensch (-en, -en), m., man, human being, fellow; der –, man (*in general*), human nature.

Menschenart (–, -en), f., class of men, sort of people.

menschenleer, depopulated, void of human beings, empty.

merken, notice; wenn ich gemerkt habe, whenever I noticed.

merkwürdig, remarkable, noticeable, remarkably.

mich, me, myself.

Minute (–, -n), f., minute.

mir, (to) me, from me.

mißbilligen, disapprove; -d, disapprovingly.

mißhandeln, maltreat, abuse.

mißmutig, ill-humored, peevish, cross(ly).

mit, with, along, along with too; – einemmale, all at once; – 'rein, in with the rest.

miteinander, with each other, with one another, together.

mitgeholfen, *see* mithelfen.

mit*helfen (a, o), join in giving help.

mit*reden, join in the discussion, take part in it; hat hier nicht mitzureden, has nothing to say, has no voice in this matter.

Mittag (-s, -e), m., midday, noon.

Mitte (–, -n), f., middle, center, midst.

Mitteilung (–, -en), f., communication; – machen, notify, communicate.

mitten in, in the midst of, in the middle of; – darunter, in the midst of them; – ins Gesicht, right in his face.

mit*trinken (a, u), join in the drinking.

mochte[n], *see* mögen.

mögen (mag, mochte, gemocht), like, desire, may; ich mag nicht, I don't want to; was er nur sehen mochte? what could it be that he saw? mein Blick mochte ihm erwidern, my look probably gave him the answer; er mochte besser Bescheid wissen, he probably knew better, *or* was better posted.

möglich, possible; alles Mögliche, everything possible; alles Mögliche andere, everything else you can think of.

möglichst, as possible; – leise, as quietly as possible.

Monolog (-s, -e), m., monologue, soliloquy.

mörderlich, murderous, savage.

Morgen (-s, -), m., morning.

Mosel=Säuerling (-s, -e), m., a sour wine raised on the banks of the Moselle.

Mund (-[e]s, "er), m., mouth.

mürrisch, morose, peevish.

Muskateller (-s), m., a sweet wine, muscadel.

Muskel (-s, -n), m., muscle.

müssen (muß, mußte, gemußt), have to, must.

Musterkarte (–, -n), f., sample card.

Musterknabe (-n, -n), m., model boy, paragon.

Mut (-[e]s), m., courage, mood; zu – sein, feel; mir ist schlecht zu –, I feel bad; uns war nicht zum Lachen zu –, sondern unheimlich, we did not feel like laughing, but ill at ease.

Mütze (-, -n), f., cap.

n

na (*popular* = nun), well, well now! – also, well then.

nach, after, toward, to, in, at, according to; – außen, toward the outside, outwardly; – hin, toward; – wie vor, as before, unchangingly.

nachdem', after; (*generally followed, in English, by a present participle*), – er ... hatte, *etc.*, after having.

nach'denklich, pondering, absorbed in thought.

nach*geben (a, e), yield.

Nachhausegehen, zum, to go home.

Nachhauseweg (-s, -e), m., way home.

nachher, afterward, subsequently.

Nachmittag (-s, -e), m., afternoon.

nachmittags, in the afternoon.

Nachmittagsunterricht (-s), m., afternoon session.

nach*sehen (a, e), look after, inspect; einem –, follow one with one's eyes.

nächst, next, nearest.

nächstens, one of these days, soon, shortly.

nach*tragend, vindictive, biding his time.

nachträglich, supplementary, after the occasion, "even as late as now."

Nagel (-s, ⁻), m., nail.

Nähe, f., vicinity, nearness; in solcher –, so closely.

nähen, sew.

nahm[en], *see* nehmen.

nahm ab, *see* abnehmen.

nahm[en] auf, *see* aufnehmen.

nahm heraus, *see* herausnehmen.

Name (-ns, -n), m., name.

namentlich, in particular, especially.

nämlich, that is to say, you must know, I may say, I should have told you, *etc.*

nannte, *see* nennen.

Näschen (-s, –), n., little nose.

Nase (-, -n), f., nose.

Natur (-, -en), f., nature, character.

natürlich, natural(ly), of course.

'ne = eine.

neben, beside.

nebeneinander, side by side.

Nebenmann (-es, ⁻er), m., next man, neighbor.

Nebenmensch (-en, -en), m., fellow creature.

nehmen (a, genommen), take, take away; nahm zuerst das Wort, was the first to take the floor; er wurde unter den Arm genommen, his friends took him by the arm.

neigen, bend, bow; sich –, bow, incline; sich zum Ende –, be drawing to a close.

Neige (-, -n), f., rest, remnant.

nennen (nannte, genannt), name, call.

nergeln, tease, nag.

Nervenfieber (-s), n., nervous fever.

neu, new(ly); von -em, anew.

Neugier, *f.*, inquisitiveness, curiosity.

neugierig, inquisitive; der Neugierige, the inquisitive person.

Neugierigkeit, *f.*, inquisitiveness.

Neuigkeit (-, -en), *f.*, news.

nicht, not.

nichts, nothing.

nicken, nod.

nie, never; - jemand, no one ever.

nieder*beugen, sich, stoop, bend.

Niederlage (-, -n), *f.*, defeat.

nieder*lassen (i, a), sich, settle, sit down.

nieder*sausen, come whizzing down.

Niederschlag (-s, ᵉe), *m.*, knocking down, striking down; Niederschlag! knock him down!

nieder*setzen, set down.

nie'mals, never.

niemand, no one.

noch, still, yet (*referring only to time and number*); - einmal, once more; - ein, one more, another; - immer, still = continuing right on; - nicht, not yet.

Not (-, ᵉe), *f.*, need, trouble, distress.

nun, now, well; das ist - einmal so, well, it is so and you can't help it; wie er - einmal war, as it was his nature to be; da waren - zwei Brüder, well, there were two brothers; denn wie solche Jungens - einmal einen feinen Instinkt haben, for as such boys—beyond any doubt—have a delicate instinct, *or* as there is no use denying the fact that such boys, *etc.*

nur, only, I wonder; - so, out-

right, fairly, just; daß es - so rauchte, that it fairly smoked.

O

ob, whether, if, I wonder whether, to see whether; - es Menschen giebt, I wonder whether there are men.

oben, above; von - bis unten, from head to foot, all over.

Oberfläche (-, -n), *f.*, surface.

Oberlippe (-, -n), *f.*, upper lip.

Oberst (-en, -en), *m.*, colonel.

obgleich', although.

obschon', although.

Ochse (-n, -n), *m.*, ox.

Ofen (-s, ᵉ), *m.*, stove.

offen, open, public.

offenbar, evident(ly), manifest.

offenbaren, reveal, disclose.

Offizier (-s, -e), *m.*, officer.

Offiziers-Examen (-s, -mina), *n.*, officer's examination.

öffnen, sich, open.

oft, often.

ohne, without; - daß es prickelt, without as much as feeling a slight itching; - daß der Große acht darauf gab, without the big one's paying any attention to it.

Ohr (-s, -en), *n.*, ear.

ölig, oily, heavy.

ordentlich, exactly, in an orderly way, fairly, thoroughly.

ordinär, common, commonplace, vulgar.

Ordnung (-, -en), *f.*, order; in - bringen, put in order.

Ort (-s, ᵉer and -e), *m.*, place,

spot, locality; an – und Stelle, on the spot.

P

Paar (-s, -e), n., couple; ein paar, a few.

packen, pack, grasp, seize, grab.

Partei (-,-en), f., part, party, side; – nehmen, side, take sides.

patent, (slang) tip-top; ein -er Kerl, a leader in fashion.

Pausbacke (-, -n), f., chubby cheek.

pausbäckig, chubby-cheeked.

Pause (-, -n), f., pause, intermission.

pellen (popular for schälen), peel; wie aus dem Ei gepellt, extremely neat, faultlessly clean and nice.

Penal' (-[e]s, ᵘe), n., a round box for pencils, pens, etc.

Periode (-, -n), f., period.

Person (-, -n), f., person; für meine –, for myself.

petzen (popular for an⁺geben), denounce, squeal on one.

Pferd (-es, -e), n., horse.

pflegen, be in the habit of.

Physik'stunde (-, -n), f., class or recitation in physics.

Platz (-es, ᵘe), m., place, seat, spot, square (public).

plötzlich, suddenly.

plump, clumsy.

Pokal' (-s,-e), m., wine glass, cup.

Portal' (-s, -e), n., portal, entrance gate.

prickeln, produce or have a prickling sensation, itch.

Prickeln (-s), n., itching, prickling (as of curiosity).

Prima'ner (-s, –), m., a student of the highest class or form in a secondary school.

probieren, try, experiment.

Professor (-s, -en), m., professor.

propper (popular term for sauber), proper, neat.

prüfen, test, prove, try, examine.

Prügel, f., thrashing.

Prügelei (-, -en), f., fight.

prügeln, whip; sich –, fight.

putzen, clean, polish.

Q

Qualm (-s), m., dense smoke.

qualmen, puff smoke.

Qualmwolke (-, -n), f., cloud of dense smoke.

R

rachsüchtig, revengeful, vindictive.

raffen, snatch.

Rangliste (-, -n), f., list of promotions and rank, army list.

rannte an, see anrennen.

Rapport (-s, -e), m., report (military); zum –, to report, as a form of military punishment.

räsonnier'en, criticise freely, and more or less impertinent, talk back.

Räsonnier'appell (-s, -e), m., the meeting of cadets at their leisure hour when they freely indulge in criticisms about their superior officers; military gossip and fault finding during social meetings in general.

Raſſengeſchöpf (-[e]s, ⁎e), n., thoroughbred, specimen of first-class stock.

rauchen, smoke.

Raum (-s, ⁎e), m., space, apartment.

'raus, see heraus.

Rechnen (-s), n., arithmetic, figures.

recht, right(ly), very, really; erſt - . keinen . . ., see erſt.

Recht (-es, -e), n., right; - haben, be right.

rechts, to the right, on the right hand.

reden, talk, speak.

Referendar' (-s, -e), m., a graduate of the law who is preparing for a judgeship or other legal office.

regelrecht, regularly, according to established rule, in regular fashion.

Regiment (-s, -er), n., regiment.

reichen, reach, hand, offer.

Reihe (-, -n), f., row, line.

'rein, see herein.

reißen (i, i), tear, pull hard.

reiten (ritt, geritten), ride; ſich vom Teufel - laſſen, (slang) allow one's self to be tempted, allow the devil to tempt one.

reizen, irritate, provoke, charm.

Reſpekt (-s), m., regard, respect.

Reſt (-[e]s, -e), m., remnant.

richten, direct, address.

richtig, correct, right.

Richtung (-, -en), f., direction.

rief, see rufen.

ringeln, form rings, curl.

rings, round about, around.

riß, riſſen, see reißen.

riß auf, see aufreißen.

Röcheln (-s), n., convulsive groaning, like the death-rattle.

Rock (-[e]s, ⁎e), m., coat.

Rockſchoß (-es, ⁎e), m., flap of the coat.

Rocktaſche (-, -n), f., coat pocket.

Rohheit (-, -en), f., brutality.

Rohrſtock (-[e]s, ⁎e), m., cane.

rollen, roll.

rot, red.

Rot (-s), n., red.

rötlich, reddish, ruddy.

Rotwein (-s, ⁎e), m., red wine.

'rüber, see herüber.

Rücken (-s), m., back.

rücken, move, touch (one's cap).

Rückſicht (-, -en), f., regard, consideration; alle -en hörten auf, there was an end of all friendly or polite considerations.

rufen (ie, u), call.

rund, round; - herum, - um, all around.

'runter, see herunter.

S

Saal (-s, Säle), m., hall, room (dining room).

Säbelkoppel (-, -n), f., sword-belt.

Sache (-, -n), f., thing, case, affair, matter; Das thut nichts zur -, that is immaterial.

Sack (-s, ⁎e), m., bag, baggy folds.

ſagen, say; wurde geſagt, the word was passed; wie geſagt, as has been said.

ſah, see ſehen.

ſah an, see anſehen.

ſah aus, *see* ausſehen.

ſah hin, *see* hinſehen.

ſah nach, *see* nachſehen.

ſahen zu, *see* zuſehen.

ſandig, sandy, rough.

ſank zuſammen, *see* zuſammenſinken.

ſaß, ſäße, ſaßen, *see* ſitzen.

Schade (-n, ˣn), *m.*, harm; es iſt ſchade, it is a pity.

Schädel (-s, –), *f.*, skull.

ſchaden, injure, harm, damage; das ſchadet nichts, that will do no harm, there is no harm in that.

ſchaffen (ſchuf, a), create, secure.

ſchaffen, ſchaffte, geſchafft, work, do, perform; Reſpekt –, procure *or* secure respect.

Scham, *f.*, shame, modesty.

Schauſpiel (-s, -e), *n.*, drama.

ſcheinen (ie, ie), seem, appear, shine.

ſchenken, give; geſchenkt kriegen, get as a present.

ſcheußlich, abominable.

ſchicken, send.

ſchien, *see* ſcheinen.

ſchimpfen, abuse, call names.

Schlachtfeld (-es, -er), *n.*, battle-field.

Schlacks (-es, -e), *m.*, gawk, lubber.

Schläfe (–, -n), *f.*, temple.

ſchlafen (ie, a), sleep.

ſchlaff, slack, nerveless, loosely.

Schlafzimmer (-s,–), *n.*, bedroom.

Schlag (-s, ˣe), *m.*, blow, stroke, shock.

ſchlagen (u, a), strike, beat.

ſchlang, *see* ſchlingen.

ſchlank, slender, slim.

ſchlapp (*popular for* ſchlaff), slack, nerveless, flabby.

ſchlecht, bad(ly).

ſchleppen, drag.

ſchließen (o, o), lock, shut, close, form; ſich –, become locked *or* clenched.

ſchließlich, finally.

ſchlimm, bad.

Schlinge (–, -n), *f.*, noose.

ſchlingen (a, u), um, entwine, throw around.

ſchloß, ſchloſſen, *see* ſchließen.

ſchloß an, *see* anſchließen.

ſchluchzen, sob.

Schluck (-s, -e), *m.*, swallow, draught.

ſchlucken, swallow.

ſchlürfen, sip.

ſchmählich, awfully, outrageously.

ſchmal, narrow, delicate.

ſchmecken, taste, relish; hat es geſchmeckt? was it good?

ſchmeißen (i, i), (*popular for* werfen), throw, cast, expel; in Arreſt –, send to the guardhouse, arrest.

Schmerz (-es, -en), *m.*, pain.

Schmetterling (-s, -e), *m.*, butterfly.

ſchmiß, *see* ſchmeißen.

ſchmunzeln, chuckle.

Schnappſack (-s, ˣe), *m.*, knapsack, (*as a term of contempt*) a weak-kneed fellow.

ſchnaufen, snort.

Schnaufen (-s), *n.*, snort.

ſchneiden (ſchnitt, geſchnitten), cut; ein Geſicht –, make a face.

ſchneidig, plucky.

ſchob zu, *see* zuſchieben.

ſchon, already.

ſchön, beautiful(ly), fine(ly).

Schoppenflaſche (–, -n), *f.*, a bottle holding about a pint, schoppen.

ſchoß, *see* ſchießen.

Schoß (-es, ⸗e), m., flap or tails of a coat.

Schrei (-s, -e), m., cry, scream.

schreiben (ie, ie), write.

schreien (ie, ie), scream, cry.

schrieb ab, see abschreiben.

Schritt (-es, -e), m., step; – für –, step by step.

schrubbern (popular for scheuern), scrub, scour.

Schuft (-es,-e), m., scoundrel, black-guard.

Schuld (–, -en),f., debt, fault, guilt; – haben an, be responsible for, be the cause of; sich zu schulden kommen lassen, be guilty of.

Schuljunge (-n, -n), m., schoolboy.

Schulmappe (–, -n),f., schoolboy's bag or knapsack.

Schulter (–, -n), f., shoulder.

schütteln, shake.

schwach, weak, feeble; die Schwä-cheren, the weaker ones.

schwarz, black.

schweben, hover, hang.

schweigen (ie, ie), keep silent; -d, in silence.

schweigsam, silent, taciturn.

Schweißtropfen (-s, –), m., drop of perspiration.

schwer, hard, difficult, heavy, severe.

schwieg, see schweigen.

Schwitzkasten (-s, ⸗), m., sweating box; im –, in chancery (wrestling term).

sehen (a, e), see, look, behold; sieht sich das alles gleich, they all look the same; ich habe liegen – (=gesehen), I have seen lying.

sehr, very, much, greatly; so –

man wollte, no matter how much it was desired, as much as one liked.

sein-e, his, its; -er Zeit, at the time, in my (his) time.

sein (bin, war, gewesen), be.

Seite (–, -n), f., side; zur –, to one side.

Sekunda, f., 'Secunda,' second highest class of a school.

Sekundaner (-s, –), m., a student of 'Secunda.'

selb, self, same.

selber, himself.

selbst, one's self, myself, yourself, itself, themselves, etc.

Selbstgespräch (-s, -e), n., soliloquy.

selbstverständlich, (as) a matter of course, evident.

Selektaner (-s, –), n., special stu-dent, member of a class called 'Selecta.'

selten, seldom, rare, infrequent.

senken, lower, thrust down; das Gesicht hielt er zu Boden gesenkt, he bowed his head and kept looking on the ground.

setzen, place, put, form, shape.

Seufzer (-s, –), m., sigh.

sich, one's self, him, himself, her-self, them, themselves; (dative) to one's self, etc.

sie, she, her, it, they, them.

Siebensachen, f. pl., traps, duds, things.

sieht, see sehen.

sieht hinein, see hineinsehen.

sind, see sein.

sinken (a, u), sink, fall.

Sinn (-es, -e), m., sense; im -e, according to the opinion.

Sitz (-es, -e), m., seat.

sitzen (saß, gesessen), sit, be seated;
– bleiben, remain, remain sitting,
stick, adhere.

sobald, as soon as.

so, so, thus, as, such, no matter how
(*in special expressions*), hence,
however; – ein, such a, a certain,
a sort of; – ein langer Schlaks,
one of those big gawks; – etwas,
a thing like that; – verschieden
sie waren, however different they
were; – hingen sie doch sehr aneinander, they yet clung closely to each other; um so . . ., so
much the . . .

sodaß, so that.

sofort, immediately.

sogar, even.

solch, such.

sollen, have to, be to; was kommen
sollte, what was to come, what
had to come *or* what was bound
to come.

Sommernachmittag (-s, -e), m.,
summer afternoon.

sommersprossig, freckled.

sonderbar, odd, singular.

sondern, but (*used in negative sentences to contrast incompatible
statements*).

Sonnenuntergang(-s,⁀e),m.,sunset.

Sonntag (-s, -e), m., Sunday; -s,
on (a) Sunday.

Sonntagnachmittag (-s, -e), m.,
afternoon.

Sonntagsurlaub (-s), m., absence
for Sunday.

sonst, else, otherwise, in other respects, formerly; – ein, some
other.

sonstig, other.

sorgen, to care; sich –, be troubled,
be full of anxiety.

sorgfältig, carefully.

Sorte (-n), f., kind, species, sort.

soviel, so much.

spät, late.

spazieren gehen, take a walk, take
the air.

Speisesaal (-s, . . . säle), m., dining
room.

spiegeln, mirror; sich –, be reflected.

spielen, play; in's Bläuliche –, show
a bluish tint.

Spind (-[e]s, -e), n., wardrobe,
locker.

Spitzbube (-n, -n), m., thief, rascal.

Spitze (-, -n), f., point, holder (of
a cigar).

spöttisch, mocking, derisive.

sprach[en], *see* sprechen.

sprang auf, *see* aufspringen.

spricht, *see* sprechen.

spritzt 'raus, *see* herausspritzen.

Sprunggraben (-s, ⁀), m., a ditch
on the gymnasium grounds (for
the cadets to practise jumping).

Staatsaktion (-, -en), f., pageant,
public show on State occasions,
ceremony (at school or else-
where).

Stadt (-, ⁀e), f., city.

Stadtbahn (-, -en), f., city railway
(here the steam railway [elevated]
which passes through the heart
of the city of Berlin).

stahl, *see* stehlen.

Stahlfeder (-, -n), f., steel pen.

Stahl'federhalter (-s, -), m., steel
penholder.

ſtaken, stalk; vor ſich hin –, stalk
along, looking neither to the
right nor to the left.

Stammgaſt (-[e]s, ⁺e), m., regular
guest, habitué.

ſtampfen, stamp, tramp.

ſtand[en], see ſtehen.

Stand, imſtande, able, capable.

ſtand auf, see aufſtehen.

ſtanden gegenüber, see gegenüber=
ſtehen.

ſtark, strong; der Stärkſte, the
strongest.

ſtarr, rigid, fixed, immovable.

ſtatt, instead of.

ſtatuieren, ein Exempel – an, make
an example of.

Staub (-[e]s), m., dust.

ſtaunen, wonder, be astounded.

ſtechen (a, o), stab, prick, sting.

ſtecken (popular for ſein), be, keep
one's self; in dem Lümmel ſteckte
eine gemeine Seele, there was in
that fellow (or that fellow had)
a vulgar soul.

ſtehen (ſtand, geſtanden), stand; bei
einer Kompagnie –, bei einem
Regimente –, be a member of,
be assigned to a company or
regiment, – bleiben, stop, stand
still.

ſteif, stiff.

ſteifbeinig, stiff-legged, stiffly.

ſteigen (ie, ie), rise, mount, ascend.

Stelle (-, -n), f., place; an deſſen
–, in his place or seat.

ſtellen, place, set.

ſtellenweiſe, in spots, in places,
here and there.

ſterben (a, o), die.

Stiefel (-s, -), m., boot.

ſtiegen, see ſteigen.

ſtiegen auf, see aufſteigen.

Stiel (-s, -e), m., handle (pediment
of a wine glass).

ſtießen, see ſtoßen.

ſtießen zurück, see zurückſtoßen.

ſtill, silent(ly), quiet(ly).

Stille (–, -n), f., silence, calm-
ness.

Stillſchweigen (-s), n., silence.

Stimme (–, -n), f., voice.

Stirn (–, -en), f., forehead.

Stock (-es, ⁺e), m., stick.

ſtocken, hesitate, speak haltingly.

ſtolz, proud.

ſtören, disturb.

Stoß (-es, ⁺e), m., push, knock,
puff (of smoke).

ſtoßen (ie, o), thrust, butt, push;
– an, adjoin.

Strafe (–, -n), f., punishment.

ſtrafen, punish.

Straße (–, -n), f., street.

Straßenecke (–, -n), f., street corner.

ſtreicheln, stroke caressingly.

ſtreichen (i, i), stroke, rub.

Streichholz (-es, ⁺er), n., match.

ſtrich, see ſtreichen.

Strom (-s, ⁺e), m., stream, river.

Strumpf (-es, ⁺e), m., stocking,
sock; in ⁺en, in their stocking
feet.

Stube (–, -n), f., room, apartment.

Studie (–, -n), f., study, sketch.

Stuhl (-es, ⁺e), m., chair.

ſtumm, mute, dumb.

Stummel (-s, -), m., stump.

Stunde (–, -n), f., hour, recitation,
lesson.

ſtürzen, fall headlong; ſich –, rush,
fall, throw one's self.

ſuchen, seek, look for, try; überall wurde geſucht, a search was made everywhere.

T

Tag (-es, -e), m., day; alle -e, every day.

Talglicht (-s, -er), n., tallow candle.

tapfer, brave, plucky.

Taſche (-, -n), f., pocket; auf der – ſitzen, look after, watch.

Taſchengeld (-es, -er), n., pocket money.

Teufel (-s, -), m., devil; zum –, gone; see reiten.

that, see thun.

that leid, see leidthun.

Thräne (-, -n), f., tear.

thun (that, a), do, perform; often = put, take (a drink), draw (a breath); thut nichts zur Sache, does not matter, is of no consequence.

Thür (-e, -en), f., door.

tief, deep, profound, heavy.

Tier (-es, -e), n., animal.

Tiger (-s, -), m., tiger.

Tiſch (-es, -e), m., table.

Tiſchplatte (-, -n), f., top of the table.

Tod (-es), m., death.

Ton (-s, ˮe), m., sound, tone.

tot, dead.

totblaß, deeply pale.

Totenkammer (-, -n), f., death chamber.

Totenſtille, f., silence of death, profound silence.

tragen (u, a), carry, wear.

trank, see trinken.

Trank (-s, ˮe), m., (rare) drink, draught.

trat, see treten.

trat ein, see eintreten.

trat[en] heran, see herantreten.

trat vor, see vortreten.

trat zurück, see zurücktreten.

traumverloren, absorbed in dreams; etwas Traumverlornes, an absent look, an air of reverie.

traurig, sad(ly).

Treppe (-, -n), f., stairs.

treten (a, e), step; – aus, overflow; mit dem Fuße nach einem –, aim a kick at one.

trinken (a, u), drink; dafür 'mal eins –, just take a drink by way of reward.

Triumph (-es, -e), m., triumph.

trocken, dry.

trocknen, dry.

trommeln, drum; es wurde getrommelt, the drum was beaten; bis getrommelt wurde, until the drums were beaten (as a signal).

Tropfen (-s, -), m., drop.

trotzdem, in spite of that, nevertheless.

trug[en], see tragen.

trugen hinüber, see hinübertragen.

tüchtig, thorough(ly); aber –, and that thoroughly.

Turnhalle (-, -n), f., gymnasium.

Turnjacke (-, -n), f., blouse, jacket, put on during gymnastic exercises.

Turnplatz (-es, ˮe), m., athletic field.

u

über, over, above, ahead of, across,
at, about, concerning, über ...
weg, way across; − einem fein,
be ahead *or* superior to one,
beat.

überall, everywhere.

übergeben (a, e), hand over, deliver.

übergießen (o, o), pour over, suf-
fuse, cover all over.

übergoſſen, *see* übergießen.

überhaupt, at all, in general, as a
general thing, speaking generally, altogether, in short, in fact
(*as a connecting word between two
sentences*); Wer könnte ſo etwas
− denken? Who could even as
much as imagine such a thing?

überlegen, consider, think over.

überraſchen, surprise.

überſah, *see* überſehen.

überſehen (a, e), survey, overlook,
glance over.

über ... hin, away and over.

überſtimmen, outvote.

übrig, over, left, remaining, rest of;
in allem -en, in all other matters,
in all other respects; die -en,
the others.

Ufer (-s, −), *n.*, bank, shore.

um, about, around, at, on account
of, for, to, in order to; − die
Stunde, at about the hour; −
den Bruder herum, (passed)
around his brother; − ſo (*with
a comparative*), so much the; −
ſo beliebter, all the more popular; − zu, in order to.

umkleben, paste around, hang as
if pasted on, stick.

umrahmen, frame, surround as
with a frame.

umrändern, border, surround.

umſchließen (o, o), inclose, clasp
about.

um*ſchnallen, buckle on, put
on.

Umſtand (-[e]s, ″e), circumstance;
unter ″en, on occasion, under
certain circumstances.

umwandte, *see* umwenden.

um*wenden (wandte, gewandt), ſich
−, turn about, turn around.

Umzug (-s, ″e), *m.*, change of residence, moving.

unangenehm, unpleasant, disagree-
able.

unbedingt, absolutely, uncondi-
tional.

unbekannt, unacquainted, un-
known.

unbeliebt, unpopular, not popular,
disliked.

und, and.

unerhört, unheard of.

Ungehörigkeit (−, en), *f.*, impro-
priety.

ungern, with reluctance, unwill-
ingly.

Ungewitter (-s, −), *n.*, thunder-
storm.

Unglück (-s), *n.*, misfortune; das
− will es, ill luck would have it.

unglücklich, unfortunate.

unheimlich, uncanny, grewsome,
uneasy.

unhörbar, not audible, inaudible.

Uniformrock (-s, ″e), *m.*, soldier's
tunic, coat of his uniform.

Unkraut (-s, ″er), *n.*, weed(s),
noxious weed.

unmög'lich, impossible.

Unordnung (-, -en), *f.*, disorder.

Unregelmäßigkeit (-, -en), *f.*, irregularity.

uns, us, ourselves.

unsäglich, unspeakable.

unschuldig, innocent.

unser, our.

unserer, of us; wir waren - drei, there were three of us.

Unsinn (-s), *m.*, nonsense, stupid act.

unten, down, below; mit dem Gesicht nach -, facing downward, his face downward; *see* oben.

unter, below, under, beneath, among.

unterbrach, *see* unterbrechen.

unterbrechen (a, o), interrupt.

untergefaßt, arm in arm.

unterhalten (ie, a), entertain; sich -, enjoy one's self, converse.

unterhielten, *see* unterhalten.

unterlaufen (ie, au), swell; mit Säcken -e Augen, eyes swollen and surrounded with baggy folds.

Unteroffizier (-s, -e), *m.*, petty officer, sergeant.

Unterricht (-s), *m.*, instruction, studies.

Unterschied (-s, -e), *m.*, difference.

unterstreichen (i, i), underscore, mark.

unterstrich, *see* unterstreichen.

untersuchen, investigate, examine.

unverschämt, impudent.

unverwandt, steadfast, fixedly.

unwillkürlich, involuntary, involuntarily.

unwürdig, unworthy.

unzufrieden, dissatisfied, not content.

Urlaub (s), *m.*, furlough, leave of absence.

v

Vater (-s, ⁻), *m.*, father.

Vaterunser (-s, -), *n.*, the Lord's prayer.

verabschieden, discharge, pension; ein Verabschiedeter, soldier who has received his discharge.

Verachtung, *f.*, contempt.

verbeißen (i, i), sich ineinander -, become furiously excited in a personal encounter, so as to be unable to let go.

verbessern, improve.

verbissen, *see* verbeißen.

verborgen, concealed.

verbreiten, spread.

verdienen, earn, deserve.

verdrehen, turn the wrong way, turn up.

verflucht, confounded; Verfluchter Bengel! Confound the fellow!

verfolgen, pursue.

vergaß, *see* vergessen.

vergessen (a, e), forget.

vergiften, poison.

verhalten (ie, a), sich, conduct one's self, be; die Sache verhält sich so, the affair stands thus; ich verhielt mich lautlos, I remained silent; er hatte sich dabei leise -, he had been noiseless in doing this.

verhängnißvoll, fatal, ominous.

verhielt, *see* verhalten.

Verhör (-s, -e), *n.*, trial.

Verkehr (-s), m., association, intercourse.

verkünden, announce, promulgate.

verlassen (ie, a), leave, abandon.

verlegen, assign to other quarters, transfer.

verlieren (o, o), lose; verloren gehen, he lost.

verloren, see verlieren.

vermocht[en], see vermögen.

vermögen (vermochte, vermocht), be able.

vernahm, see vernehmen.

vernehmen (a, vernommen), learn, find out.

verrostet, rusty.

verrauschen, pass with a rush.

versammeln, sich, assemble, meet.

verschieden, different; so etwas Verschiedenes von Brüdern, such a difference between brothers.

verschließen (o, o), close, lock.

verschlossen, uncommunicative, taciturn; see verschließen.

verschuften, sich (slang), make one's self impossible in good society by a dishonorable act.

verschwinden (a, u), disappear.

versetzen, put in another place, assign to another post, promote to a higher class, pawn.

versohlen, put a sole on; einem das Fell – (slang), give one a thrashing.

versperren, bar, block the way.

verstaubt, completely covered with dust.

verstecken, hide.

verstehen (verstand, verstanden), understand; das versteht sich von selbst, that is a matter of course.

versteinert, petrified, stunned.

verstummen, grow dumb, be speechless.

versuchen, try, attempt.

versunken, lost in, absorbed in (thought).

verteilen, distribute; sich –, scatter, disperse, be distributed.

vertrat, see vertreten.

vertreten (a, e), einem den Weg –, step into one's way, block his road.

verwandeln, transform.

verwandte, see verwenden.

verwenden (verwandte, verwandt), turn away, avert.

Verzweiflung, f., despair.

viel, much.

vielleicht, perhaps.

vier[e], four.

viereckig, four-cornered, oblong (square).

vierschrötig, thick-set.

viert, fourth.

Vogel (-s, "), m., bird.

völlig, fully, completely.

vollständig, complete(ly).

vollziehen (vollzog, vollzogen), accomplish, carry out.

vollzogen, see vollziehen.

von, of, from, by; – aus, out of, from, sign of nobility.

voneinander, of each other.

vor, before, in front of, from, with, for; – Schmerz, from pain; – uns, on our account, i. e. from fear of us; – sich hin, to himself, straight ahead; – dem Kopf, on the head.

voran*gehen (ging, gegangen), precede, take the lead.

Voranstalt (-, -en), *f.*, preparatory school.

Voraussage (-, -n), *f.*, prediction.

vorbei, over, past.

vorbei*fahren (u, a), ride past, drive past.

vorbei*führen, lead past.

vorbei*gehen (ging, gegangen), pass by, go past.

vorder, in front; die Vorderen, those in front.

vorderst, front.

vorgenommen, *see* vornehmen.

Vorgesetzte (-n, -n), *m.*, superior officer.

Vorhang (-s, "e), *m.*, curtain.

vorherig, preceding; alles Vorherige, all that occurred before.

vorhin, before, a short while ago, but just now.

vor*kommen (kam, o), occur, happen.

vorletzt, last but one.

vor*machen, show (how a thing is done).

vorn, -e, in front; nach -, forward.

vor*nehmen (a, genommen), take in hand, perform, attend to, undertake; sich -, propose to one's self, make up one's mind intend.

vor*sagen, prompt; (*with dat.*) whisper the answer to.

Vorschlag (-s, "e), *m.*, proposition, offer.

Vorschrift (-, -en), *f.*, order, rule.

Vorstadt (-, "e), *f.*, suburb.

vor*treten (a, e), step forward, step in front.

vorüber, an . . -, past, by.

vorübergegangen, *see* vorübergehen.

vorüber*gehen (ging -, -gegangen), walk past, pass by.

vorüberging, *see* vorübergehen.

vorwärts, forward.

W

Wachs (-es), *n.*, wax.

wachsen (u, a), grow; es hat jeder - hören, everyone has heard it grow.

wächst, *see* wachsen.

wagen, dare; sich -, venture on; sich - an, dare to attack.

wählen, choose.

während, (*prep. with gen.*) during; (*conjunction*) while.

wahr, true.

wahrhaft, veracious, truth-loving.

Walstatt (-, "en), *f.*, place of battle.

wälzen, roll; sich -, writhe.

Wand (-, "e), *f.*, wall.

wandern, wander.

wandte[n], *see* wenden.

wandte ab, *see* abwenden.

war, wäre, *etc.*, *see* sein.

warf[en], *see* werfen.

warum, why.

was, what, which; *often* = etwas, something, that; - für, what kind of (*the two words are frequently separated*); - der Bruder für Eigenschaften hatte, what sort of qualities his brother had.

Wasser (-s, -), *n.*, water.

Wasserfall (-s, "e), *m.*, cataract, waterfall.

Wasserwüste (-, -n), *f.*, watery waste.

wechseln, exchange.

Weg (-[e]s, -e), m., way, road.

weg, away; über ... –, away, over, across.

wegen, on account of.

weggetrunken, see wegtrinken.

weg*haben, get (a blow); hatte er einen Schlag weg, before he knew it, he got a blow.

weg*strecken, stretch across.

weg*trinken (a, u), drink up, drain.

wehmütig, sorrowfully, sadly.

Weidengerte (–, -n), f., willow switch.

weil, because.

Weilchen (-s), n., little while.

Weile, f., time, while; eine ganze –, quite a while.

Wein (-s, -e), m., wine.

Weinflasche (–, -n), f., wine bottle.

Weinkarte (–, -n), f., wine card.

Weinperle (–, -n), f., pearly drop of wine.

Weinstube (–, -n), f., wine room.

Weise (–, -n), f., manner, style.

Weisheit (–, -en), f., wisdom.

weiß, white.

weiß[t], see wissen.

Weite (–, -n), f., distance.

weit, far, distant, wide, broad; ins Weite, afar off, into the distance.

weiter, further; immer –, more and more; ohne -es, without ceremony.

welch-er, -e, -es, who, which, what; welch! what a!

wellig, wavy.

wem, (to) whom.

wen, whom.

wenden (wandte, gewandt, or reg.), turn.

wenig, little.

wenn, if, when.

wer, who, whoever.

werden (u, o), become, grow; wurde gesagt, word was passed.

werfen (a, o), throw.

wich aus, see ausweichen.

widersetzen, sich, resist, oppose, disobey.

wie, as, like, as if, when, how.

wieder, again.

wiederholen, repeat.

Wiederholung (–, -en), f., repetition.

wiederkamen, see wiederkommen.

wieder*kommen (kam, o), return, come again.

wiedersehen (a, e), see again.

Wiesengelände (-s, –), n., stretch of meadow.

wild, wild, ferocious.

Wildkatze (–, -n), f., wildcat.

will[st], see wollen.

Wind (-es, -e), m., wind.

Windstoß (-es, "e), m., gust of wind.

winklig, full of corners and angles, narrow.

wir, we.

wird, see werden.

wirklich, real(ly).

wischen, wipe.

wissen (weiß, wußte, gewußt), know.

wo, where, wherever, when; see hintreffen.

wohl, well, indeed; I suppose, I say; Sie wissen –, daß, etc., I suppose you know, etc.; Wollen Sie – loslassen? I say, will you let go?

wohnen, live.

Wohnung (-, -en), f., habitation, residence, lodging.

Wolke (-, -n), f., cloud.

· wollen (will, wollte, gewollt), will, desire, wish, be about to, be going to; das Unglück will es, ill luck would have it.

worden, see werden.

Wort (-[e]s, "er [individual words], -e [words used in context]), word; das - nehmen, interrupt.

wozu, for what purpose, to what end.

wundern, sich -, wonder; man wundert sich, it is a wonder.

wurde, würde, see werden.

Würde (-, -n), f., dignity.

wußte[n], see wissen.

wütend, furious.

3

zählen, count, number.

Zahn (-es, "e), m., tooth.

Zeigefinger (-s, -), m., index finger.

zeigen, show, point out.

Zeit (-, -en), f., time; in der -, in due time, at that time; eine - lang, for a time.

zerstreut, scattered, absent-minded.

Ziegenbock (-s, "e), m., goat.

ziehen (zog, gezogen), draw, pull; (intransitive) move, go, proceed.

ziemlich, fairly, tolerably; so -, pretty nearly, fairly well, just about.

Zimmer (-s, -), n., room, apartment.

zischen, hiss.

zittern, tremble.

zog[en], see ziehen.

zog zurück, see zurückziehen.

zu, to, at, by, in, for, beside, on, too; - Ende, at an end; -m Sonntag, for or on Sunday; -m Rapport, to report to a superior officer; er machte sich -m Diener, he made a servant of himself.

zucken, jerk, twitch; mit der Achsel -, shrug one's shoulders.

Zuckung (-, -en), f., twitch, spasm.

zuerst, first.

zufällig, accidentally, by chance.

zu*flüstern, whisper to.

zugegen, present.

zugekehrt, turned toward.

Zug (-[e]s, "e), m., train, draught; einen - thun, take a swallow.

zu*greifen (griff, gegriffen), grasp quickly, extend one's hand toward, interfere.

zu*hören, listen.

zu*kehren, turn toward.

zu*lassen (ie, a), admit, permit.

zuleide thun, harm, aggrieve, injure, offend.

zum = zu dem.

zur = zu der.

zu*reden, encourage by talking to, persuade.

zurück, back.

zurück*denken (dachte, gedacht), go back in memory, recall.

zurück*huschen, scurry back.

zurückkamen, see zurückkommen.

zurück*kehren, return.

zurück*kommen (kam, o), come back.

zurück*stoßen (ie, o), push back.

zurück*tragen (u, a), carry back.

zurück*treten (a, e), step back.

zurück*weichen (i, i), recede, retreat.

zurück*ziehen (zog, gezogen), sich,
withdraw, draw back.

zusammen, together.

zusammen*falten, fold up, fold together.

zusammen*fassen, concentrate, collect.

zusammen*finden (a, u), reach a
conclusion, put this and that
together; sich –, seek one another's company.

zusammengefunden, see zusammen-
finden.

zusammen*gehen (ging, gegangen),
walk together, walk with.

zusammengesessen, see zusammen-
sitzen.

zusammen*kommen (kam, o), come
together, meet.

Zusammenkunft (-, ᵘe),f., meeting.

zusammen*legen, put together.

zusammen*packen, pack up.

zusammen*raffen, snatch up and
collect.

zusammensaß, see zusammen-
sitzen.

zusammen*sinken (a, u), in sich –,
sink down from exhaustion, col-
lapse.

zusammen*sitzen (saß, gesessen), sit
side by side.

zusammen*wohnen, live together.

zu*schieben (o, o), push toward, im-
pute.

zu*sehen (a, e), look on.

zu*stürzen, rush toward.

zu*wenden (wandte, gewandt), sich
einem –, turn toward one.

zwar, it is true, at that; und –, and
that too.

zwei, two; zu -en, by twos, in
couples.

zweit, second.

zwischen, between.

Zwischenzeit (-, -en), f., between-
time; in der –, in the mean-
time.

zwölf, twelve.

STANDARD GERMAN TEXTS
With Notes and Vocabularies

Arnold. Ein Regentag auf dem Lande (Kern) $0.25

Benedix. Der Prozess; and Wilhelmi. Einer Muss Heiraten (Lambert) .30

Ebner-Eschenbach. Krambambuü; and Klaussmann. Memoiren
eines Offizierburschen (Spanhoofd) 25

Fouqué. Undine (Senger) . . . .

Freytag. Die Journalisten (Johnson) 35

Grimm. Märchen (Vos) . . . .

Groller. Inkognito; and Albersdorf. Cand. phil. Lauschmann (Lentz) .30

Heyse. Anfang und Ende (Lentz) 30

L'Arrabbiata (Lentz) 30

Hillern. Höher als die Kirche (Dauer) 25

Keller. Bilder aus der Deutschen Litteratur 75

Leander. Träumereien (Hanstein) 35

Lessing. Minna von Barnhelm (Lambert) 50

Nathan der Weise (Diekhoff) . . . .

Moser. Der Bibliothekar (Cooper) 45

Prehn. Journalistic German 50

Ranke. Kaiserwahl Karl's V. (Schoenfeld) 35

Richter. Selections (Collins) 60

Riehl. Die Vierzehn Nothelfer and Trost um Trost (Sihler) 30

Der Fluch der Schönheit (Frost) 30

Das Spielmannskind and Der Stumme Ratsherr (Priest) 35

Schanz. Der Assistent and Other Stories (Beinhorn) 35

Seidel. Die Monate (Arrowsmith) 25

Der Lindenbaum and Other Stories (Richard) 25

Herr Omnia (Matthewman) 25

Stern. Geschichten vom Rhein 85

Geschichten von Deutschen Stadten 1.25

Stifter. Das Heidedorf (Lentz) 25

Storm. Immensee (Dauer) 25

Vogel. Scientific German Reader . . . .

Wilbrandt. Der Meister von Palmyra (Henckels) 80

Wildenbruch. Das Edle Blut (Eggert) . . . .

Zschokke. Der Zerbrochene Krug (Berkefeld) . . . .

AMERICAN BOOK COMPANY
PUBLISHERS

Germania Texts

EDITED BY A. W. SPANHOOFD

These texts include important and interesting chapters from the works of the best German authors, and are intended for advanced students in Academies, Colleges, Universities, and German-American schools, who wish to make a thorough study of German Literature. They are issued in pamphlet form at a uniform price of **ten cents.**

The series embraces the following works :

1. SCHMIDT. BÜRGERS LENORE. With Sketch of Bürger's Life and Works and Extracts from ERICH SCHMIDT's celebrated essay.
2. GERVINUS. VERGLEICHUNG GOETHES UND SCHILLERS; LESSINGS UND HERDERS.
3. CHOLEVIUS. KLOPSTOCKS BEDEUTUNG FUR SEIN ZEITALTER.
4. KURZ. REINEKE FUCHS.
5. GOETHE. DIE KRÖNUNG JOSEFS II. With Notes.
6. GERVINUS. LESSINGS DRAMATURGIE. and KURZ. LESSINGS MINNA VON BARNHELM.
7. KHULL. MEIER HELMBRECHT.
8. GOETHE. WIELAND. From the Gedächtnisrede.
9. KURZ. WIELANDS OBERON.
10. SCHILLER. LIED VON DER GLOCKE. With Notes. A. W. SPANHOOFD.
11. HERBST. MATTHIAS CLAUDIUS ALS VOLKSDICHTER.
12. SCHILLER. DIE KRANICHE DES IBYKUS and DAS ELEUSISCHE FEST. With Notes. A. W. SPANHOOFD.

Copies of any of the Germania Texts will be sent prepaid to any address on receipt of the price (10 cents) by the Publishers :

American Book Company

New York   •   Cincinnati   •   Chicago

(224)

New Text-Books in German

By I. KELLER
Professor of the German Language and Literature in the Normal College, New York.

KELLER'S FIRST YEAR IN GERMAN
    Cloth, 12mo, 290 pages $1.00

KELLER'S SECOND YEAR IN GERMAN
    Cloth, 12mo, 388 pages 1.20

These two books furnish a systematic and thorough course for beginners in German. They combine the best features of both the grammatical and natural methods of teaching. The lessons in each book afford suitable material for practice in reading, for oral and written exercises and translations, for conversational exercises, and for grammatical study. The student is encouraged from the first to speak and write German as the best means of gaining an intelligent knowledge and use of the language.

KELLER'S BILDER AUS DER DEUTSCHEN LITTERATUR
    Linen, 12mo, 225 pages . . . . . . 75 cents

The plan of this work will commend itself to teachers who believe that the teaching of German literature should concern itself with the contents and meaning of the great works themselves more than with a critical study of what has been said about the works. With this aim the author gives a survey of the language and literature at its most important epochs, selecting for detailed study the chief works of each period and writer. A summary of the contents of each work so treated is given, generally illustrated by a quotation from the work.

The simplicity of the treatment and language adapts this work for younger students as well as for those of more advanced grades.

Copies of any of the above books will be sent, prepaid, to any address on receipt of the price by the Publishers :

American Book Company

New York   •   Cincinnati   •   Chicago

(221)

STANDARD FRENCH TEXTS

With Notes and Vocabularies

AMERICAN BOOK COMPANY
PUBLISHERS

Text-Books in French

By ANTOINE MUZZARELLI

Officier d'Académie ; author of "Les Antonymes de la Langue
Française," "English Antonymes," "French Classics," etc.

MUZZARELLI'S ACADEMIC FRENCH COURSE—First Year . $1.00
Second Year 1.00
Keys to First and Second Years . . . . Each, 1.00

The Academic French Course embodies in two books a
complete system of instruction in the French language for
English-speaking pupils. The course is remarkable for the
simplicity of its grammatical treatment and for the carefully selected vocabulary employed in the exercises and
translations. It is eminently practical, advancing in a
constant gradation from the easiest of first steps to those
more difficult. Only essential rules are given, and those
in the most concise form. Besides the usual grammatical
drill, it includes lessons in conversational form, entitled
"A Trip to Paris," replete with information of the most
practical kind and largely increasing the student's vocabulary with an extensive variety of expressions in daily use
among the educated classes in France.

MUZZARELLI'S BRIEF FRENCH COURSE $1.25

This is prepared on the same general lines, and though
brief is comprehensive. The grammatical topics discussed
have been wisely chosen, and all topics of primary importance are fully treated. The exercises in reading and
writing French furnish abundant practice on all points of
syntax. The book contains a valuable chapter on French
Phonetics, as well as the poetry prescribed for memorizing
by the Regents of the University of the State of New York.
It is especially noteworthy in that it conforms in all respects to the radical reform incorporated in the new laws
of syntax officially promulgated by the Minister of Public
Instruction of the French Republic, on March 11, 1901.

Copies will be sent, prepaid, on receipt of the price.

American Book Company

New York • Cincinnati • Chicago

(212)

A Spanish Grammar

FOR THE USE OF SCHOOLS AND COLLEGES

By SAMUEL GARNER, Ph.D.

Recently Professor of Modern Languages U. S. Naval Academy

Cloth, 12mo, 415 pages . . . . Price, $1.25

This grammar gives, in clear and concise outline, the essential features of the language. The author combines, in an unusual degree, an intimate knowledge of the Spanish language and of its idioms rarely found save in a native Spaniard, with the pedagogical devices and the insight into the needs of American students which only an American instructor of long experience can possess. The union of these two features places the book in the front rank of practical working text-books.

An especially serviceable feature of the book is the introduction of numerous business letters and forms, copied from those actually used by one of the leading Spanish firms in this country. Both the exercises and the Spanish reading matter, covering, as they do, a very wide range of subjects, embrace many features which serve as an introduction to an acquaintance with the commercial and social life of Spanish-speaking countries. No other grammar so thoroughly meets this want, and a mastery of its contents will place the student in a position where he may readily develop and apply his linguistic knowledge along these lines.

In view of the constantly growing importance of our relations with our Spanish-speaking possessions and neighbors, a book which will equip the student thoroughly with an accurate and ready knowledge of the language both for reading and conversation is an essential in all schools. Embodying methods employed and tested in many years of class-room instruction, this is such a book, and its use cannot fail to give results amply proportionate to the study. expended on it.

Copies sent, prepaid, to any address on receipt of price by the Publishers:

American Book Company

New York • Cincinnati • Chicago

(232)

Latin Lessons and Methods

HARPER AND BURGESS'S ELEMENTS OF LATIN

By W. R. HARPER, Ph.D., D.D., President of the University of Chicago, and ISAAC B. BURGESS, A.M., Professor of Latin in Morgan Park Academy of the University of Chicago. Cloth, 12mo, 320 pages. With maps and illustrations. $1 00.

This first Latin book for beginners follows the modern method of developing the grammar from the language. In accordance with the practice of the best Latin teachers the pupil is early introduced to the connected text of Caesar. The lessons are short and the exercises abundant and progressive. Special attention is given to the vocabulary of new words.

SMILEY AND STORKE'S BEGINNERS' LATIN BOOK

By JAMES B. SMILEY, A.M. (Harvard), and HELEN L. STORKE, A.B. (Vassar), Instructors in Greek and Latin in the Cleveland West High School. Cloth, 12mo, 282 pages. $1.00.

This book differs in important essentials from other Latin methods. Its vocabulary is made up from the most common words in Caesar, Nepos, and Viri Romae. The noun and verb are treated for the most part in alternating lessons. The graded reading lessons are an important feature. Most of these are based on Caesar, others consist of fables and a Latin version of the labors of Hercules. Frequent word lists furnish material for exercises on vocabulary, form, word comparison, and English derivatives.

COY'S LATIN LESSONS

By E. W. COY, A.M., Principal of the Hughes High School, Cincinnati. Cloth, 12mo, 330 pages. Illustrated. $1.00.

This Introductory Book for beginners is intended to give a thorough drill in the essentials of Latin Grammar and to prepare the student to read different Latin authors in the course with ease and satisfaction. Special features will be found in the methods of presenting inflected forms, the accent of which is marked in all paradigms; in the prominence given to the tense sign of verbs by the use of heavy type ; in the practical and suggestive character of the notes on the reading matter; and in the parallel exercises which supply the material furnished by the text.

HARKNESS'S EASY METHOD FOR BEGINNERS IN LATIN

By ALBERT HARKNESS, Ph.D., LL.D. Half leather, 12mo, 348 pages. Illustrated. $1.20.

This book is at once a Beginner's Grammar, a Latin Reader, and a Manual of Exercises—making a complete First Year's Course in the study. Its vocabulary is drawn mainly from the text of Caesar, and thorough drill is afforded in forms and constructions.

Copies sent, prepaid, to any address on receipt of the price.

American Book Company

New York   •   Cincinnati   •   Chicago

(235)

Outlines of Botany

FOR THE

HIGH SCHOOL LABORATORY AND CLASSROOM

BY

ROBERT GREENLEAF LEAVITT, A.M.

Of the Ames Botanical Laboratory

Prepared at the request of the Botanical Department of Harvard
University

This book has been prepared to meet a specific demand. Many
schools, having outgrown the method of teaching botany hitherto
prevalent, find the more recent text-books too difficult and comprehensive
for practical use in an elementary course. In order, therefore, to adapt
this text-book to present requirements, the author has combined with
great simplicity and definiteness in presentation, a careful selection and
a judicious arrangement of matter. It offers

1. A series of laboratory exercises in the morphology and physiology
   of phanerogams.
2. Directions for a practical study of typical cryptogams, represent-
   ing the chief groups from the lowest to the highest.
3. A substantial body of information regarding the forms, activities,
   and relationships of plants, and supplementing the laboratory
   studies.

The laboratory work is adapted to any equipment, and the instruc-
tions for it are placed in divisions by themselves, preceding the related
chapters of descriptive text, which follows in the main the order of
topics in Gray's Lessons in Botany. Special attention is paid to the
ecological aspects of plant life, while at the same time morphology and
physiology are fully treated.

There are 384 carefully drawn illustrations, many of them entirely
new. The appendix contains full descriptions of the necessary laboratory
materials, with directions for their use. It also gives helpful sugges-
tions for the exercises, addressed primarily to the teacher, and indicating
clearly the most effective pedagogical methods.

Copies sent, prepaid, on receipt of price.

American Book Company

New York   •   Cincinnati   •   Chicago

Newcomb's Elements of Astronomy

By SIMON NEWCOMB, Ph.D., LL.D.

Late Professor of Mathematics and Astronomy, Johns Hopkins University; formerly Senior Professor of Mathematics, United States Navy, and Superintendent of the American Ephemeris and Nautical Almanac, 1877-97.

Cloth, 12mo, 240 pages. Illustrated . . . . Price, $1.00

This volume has been prepared for use in High Schools and College Preparatory Schools. Though written especially for pupils in these schools it will be found useful in schools and institutions of still higher grade and as a foundation for more extended study by the private student.

In the preparation of this new text-book on Astronomy, its distinguished author has kept in view two objects. One was to condense the facts and laws of the science, which are most interesting and important, within such a compass as not to make a very serious addition to the curriculum of the high school or college. The other was so to present the subject that as little formal mathematics as possible should be necessary in its study.

He has constantly kept in mind the inquiring student seeking to know something of the heavenly bodies and of such important subjects as the principles on which our system of standard time is based; the relation between the hour of the day and the longitudes of places; the origin and construction of our calendar; the causes of the changing seasons; eclipses of the sun and moon; the phenomena of the planetary motions; the aspects of the principal constellations; and the wonderful astronomical discoveries of our time.

The work embodies and applies the results of the latest researches and discoveries in astronomical science combined with the best pedagogical methods of teaching the subject. The plan of treatment is clear and comprehensible, and as far as possible, objective,—that is, based upon the conceptions of the pupil acquired by actual observation of the phenomena of the heavens, to which his attention is constantly directed throughout the book.

It is confidently believed that the author has, in the preparation of the Elements of Astronomy, made a text-book simple and lucid enough to be comprehended by any one who has mastered the elements of arithmetic and the most rudimental principles of geometry. The book will be found, therefore, sufficiently elementary to meet the requirements of the ordinary high school, while at the same time it is full and complete enough for advanced classes.

Copies sent, prepaid, to any address on receipt of price,

American Book Company

New York • Cincinnati • Chicago

Scientific Memoir Series

Edited by JOSEPH S. AMES, Ph.D.
Johns Hopkins University

Copies sent, prepaid, to any address on receipt of the price.

American Book Company

New York   •   Cincinnati   •   Chicago